华夏生物传奇

会飞的鱼

萧春雷 著

图书在版编目（C I P）数据

会飞的鱼 / 萧春雷著. — 厦门 : 鹭江出版社, 2021.4（2021.5重印）
ISBN 978 - 7 - 5459 - 1879 - 3

Ⅰ. ①会… Ⅱ. ①萧… Ⅲ. ①科学知识 - 少儿读物 Ⅳ. ①Z228.1

中国版本图书馆CIP数据核字(2021)第039512号

HUIFEI DE YU

会飞的鱼

萧春雷 著

出　版：鹭江出版社
地　址：厦门市湖明路22号　　**邮政编码：**361004
发　行：福建新华发行（集团）有限责任公司
印　刷：福州德安彩色印刷有限公司
地　址：福州金山工业区浦上园B区42栋　**电话号码：**0591-28059365
开　本：700mm × 980mm　1/16
印　张：7. 5
字　数：72千字
版　次：2021年4月第1版　　2021年5月第2次印刷
书　号：ISBN 978 - 7 - 5459 - 1879 - 3
定　价：29. 80元

序

孙绍振
教育部语文课程标准评审专家
教育部语文培训专家
教育部北师大版初中语文课本主编
福建师范大学教授、博士生导师

我们需要高品质的儿童读本

印象里的萧春雷，不太会和小孩子说话，也不怎么讨好孩子。怎么有一天，他去写作儿童读物了？

他在后记里说，为了适合孩子阅读，他在写作时特意降低了阅读难度。的确，与他的其他文章比，他把直接引用改为间接引用，把古文都翻译成了白话，大大减少了儿童读者的阅读障碍。但我注意到，他散文中特有的品质，叙述语言的优雅和思想情感的深邃，并没有随之降低。可见他完全信任孩子的智力和理解力。

我们见到很多儿童读物，完全使用低幼化的语言，低幼化的思维，蹲下身子与孩子说话。这本书很特别，作者没有故作小儿语，而是站着与儿童说话，分享自己的感悟。萧春雷告诉我，书中的部分文章他曾拿给一些小学四五年级的学生看，他们不但理解，还说很喜欢，他因此有信心继续创作。这也引起我的思考，我们应该怎样与孩子对话？

有意思的是，这本书连我也读得津津有味。我突然大惊，我是不是返老还童了？书中记述了18种海洋生物，应该属于科普读物。书中也有动物学名、分布范围、生物学特性，但单纯的科学知识是冷冰冰的，很少这么富有情趣。这本书引用了大量的古代神话、传说和文献记载，写的是中国文化里的海洋生物，它们有温度，能够牵动我们的情感，实际上，应该属于科学人文读物。科学和人文是两种不同的东西，有时候简直水火不容，但萧春雷进行了很好的嫁接，让人文有了根基，科学有了人性。

差不多20年前，萧春雷就出版了《文化生灵》《我们住在皮肤里》等著作，是福建著名散文家。我在评论中称他的散文为“智性散文”，虽然他长于历史故实和人文典故，但“他全力以赴的目标是智慧，特别是追求智慧生成的趣味”。读他的新著《会飞的鱼》，我发现我当年的判断仍然有效。

尽管是儿童读物，萧春雷的新著仍然保持了很高的文学品位。他特有的鞭辟入里的表达能力，出人意料的想象力，独到的个人趣味，与史料天衣无缝的对接化用，让文章有一种特殊的感染力，读起来酣畅淋漓，充满汉语的美感。他写水母与虾的共生关系，生动地描述："在大海里，虾行动敏捷，但因为体型太小，到处受到霸凌。水母天生残疾，但体型庞大，身怀毒器。二者取长补短，相依为命，行走于险恶的大海，正是一对绝佳的组合。"(《水母的导盲虾》)他大量引经据典，但之后往往进行点评，或往更高度升华。例如他写终生在泥沼中打滚的弹涂鱼(即跳跳鱼)，古人说它们头上有星星一样的斑点，"夜则骈首朝北"，像是朝拜北斗星。他接着写道："原来古人不食弹涂鱼的原因里，其中之一是它们有信仰。它们的头上，烙下了星座的标记。这个卑微的物种，有一天会离开滩涂，奔向星辰大海吗?"(《有信仰的鱼》)

更令人叹为观止的是，有时候，他的语言充满诗性，带领我们进入一种幽微深邃的思想境界。他写道："螺创造了自己的线条，我们命名为螺旋、螺纹，以示敬意。自然界很少这样的线条。从螺尖的一点开始，螺开始旋转，向外展开，向下降落，最后变成一个立体的螺。螺身上的纹路，仿佛大风刮过，记录了螺旋的速度、方向和力量。犹如陀螺，螺以自己为原点，在高速的螺旋中站立，平衡，创造出自身，像一座塔那样笔直。它为什么旋转?有一条我们看不见的鞭子抽打它吗?"(《旋转出来的单身公寓》)这样的才情与智慧，通贯全书，一定来自上帝的赐予。

在儿童读物琳琅满目、泥沙俱下的今天，我们需要刚健、优美，又能体现民族文化的优秀儿童读本。很多人认为，儿童读物不需要深度，作者应该低幼化，没人能够做到“雅俗共赏、老少咸宜”。这是懒惰和愚钝的借口，实际上很多经典做到了，这本书也做到了。

目录

【飞鱼】

鱼类的主要天敌是其他鱼。获得一双翅膀进入天空，逃脱海中天敌的追杀，是许多鱼类的最大梦想，然而也可能成为噩梦……

飞鱼的梦想是天空

上古奇书《山海经》记载了多种飞鱼，最有意思的是文鳐(yáo)鱼。这种鱼大约产于我国新疆地区，状如鲤鱼，鱼身而鸟翼，红嘴，“常行西海，游于东海，以夜飞”。想象过去，这是多么瑰丽的场景：辽阔的海面上，星空低垂，成群尖叫着的飞鱼挥舞着翅膀，浩浩荡荡地进行跨越海洋(或湖泊)的大迁徙。

奇怪之物，必有奇怪的用处。文鳐鱼现身，据说会带来五谷丰登，又说其肉味道酸甜，可以治疗疯病。《山海经》还提到一种形状像猪的飞鱼，“服之不畏雷”，吃了它，连天打雷劈都不怕。

飞鱼既然是仙丹妙药，就有人费尽心思捕捉。《歙（shè）州图经》讲过一个神奇的传说，有人在浮梁县赤岭溪筑了一道水坝，鱼类无法洄游（鱼类集群向产卵场迁移），只好半夜飞过山岭，这个人就在岭上布置了一张大网，“鱼有越网而过者，有飞不过而变为石者”。世界就是这样，有鱼的地方就会有网。鱼飞上了天，难道人类就不会竖起天网？

《山海经》：我国先秦时期的古籍，一部充满稀奇古怪传说的神话地理志，介绍了上古时期的山川、地理、动物、植物、矿物、巫术、医药、历史、民俗及民族等各个方面的内容。

▲中国古籍里提到多种飞鱼，其中一种是海鹞鱼。

选自（清）《古今图书集成》

▲狗鱼（即白角儿鱼）潜伏在前方，狙击飞鱼。

选自（清）《古今图书集成》

▶公元1697年，画家聂璜在闽东沿海亲眼见过飞鱼，挥笔画下它们的形象。他认为这就是《山海经》提到的文鳐鱼。

选自（清）聂璜《海错图》

海洋里，会飞的鱼很多。我国最有名的飞鱼是燕鳐鱼，又称叶燕鱼，胸鳍犹如鸟类的翅膀，能跃出水面，滑翔数十米甚至几百米。

生物学家说，飞鱼其实并非在飞行，而是滑翔。在海中，飞鱼利用强有力的尾鳍摆动，高速跃出海面四五米，然后张开双翅笔直向前滑翔——它的胸鳍还不够有力，无法拍动翅膀高飞或转弯，犹如一颗出膛的子弹，不能选择降落点，万一坠落在海滩、礁石和船只上，便头破血流，一命呜呼。明初诗人孙大雅的诗《飞鱼》描述了这种悲剧："初疑燕雀翻，复骇蝗螟坠。"密密麻麻的飞鱼布满了天空，起初，诗人以为那是燕雀翻飞，自由翱翔。接着发现那些撞向帆布、桅杆和船篷的飞鱼，就像蝗螟扑火，纷纷坠死，大感惊骇。

蝗螟：蝗虫和螟虫，为庄稼害虫。

生存是艰难的。拥有天空的飞鱼，并没有摆脱鱼类的追杀，还增加了海鸟的威胁。每一种自由都有代价。

艾儒略：意大利耶稣会士，明万历年间来华传教，1623年所著《职方外纪》一书，是继利玛窦《坤舆万国全图》之后详细介绍世界地理的中文文献。艾儒略学识渊博，且通汉学，有“西来孔子”之称。

飞鱼要面对智慧超群的天敌。明清之际，欧洲耶稣会士绕过大半个地球，来到中国传教，同时炫耀地理大发现获得的世界知识。艾儒略在《职方外纪》描述了白角儿鱼（又称狗鱼）伏击飞鱼的情景：飞鱼大约一尺多长，能够掠过水面飞行，而一种白角儿鱼善于观察飞鱼落在水上的身影，预先游到降落点，张开大嘴等候。但是狗鱼之智，在人类看来又极其幼稚。该书又说，有些渔民把钓钩裹在鸡羽毛或白练中,在水面飘扬,狗鱼误以为是飞鱼,跃起吞下,结果丧失了性命。

捕捉飞鱼的最好办法,是利用它们的趋光性,在夜里守灯待鱼。台湾兰屿的达悟人夜捕飞鱼就是这样。挂起一盏灯,但听暗黑的海面上水花四溅,四面八方的飞鱼破空射来,纷纷掉落船上,转眼就装满一舱。

鱼类的主要天敌是其他鱼。获得一双翅膀进入天空,逃脱海中天敌的追杀,是许多鱼类的最大梦想,然而也可能成为噩梦。与矫健的鸟类相比,滑翔于空中的飞鱼身不由己,笨拙而脆弱,最容易被盘旋高空的海鸟俯冲攫(jué)走。事实上,这些迅如闪电、精通飞行艺术的海鸟,才是飞鱼最可怕的敌人。

因此,当一尾鱼生出翅膀时,并不意味着它摆脱大海,获得了自由,另有更严重的威胁等着它。飞鱼给我们的启示是,你想拓展生存空间,海空双栖,首先要接受天敌倍增的危险。同样道理,当人类的飞船航向太空,我们也没有摆脱地球,谁知道死寂的宇宙间,静静地潜伏着多少杀机呢?

小贴士

飞鱼科

颌针鱼目有个飞鱼科,包括了8属50种飞鱼,都能跃出海面,进行长距离的滑翔。我国有飞鱼6属38种,主要分布于南海。

【带鱼】

白鱼连尾钓

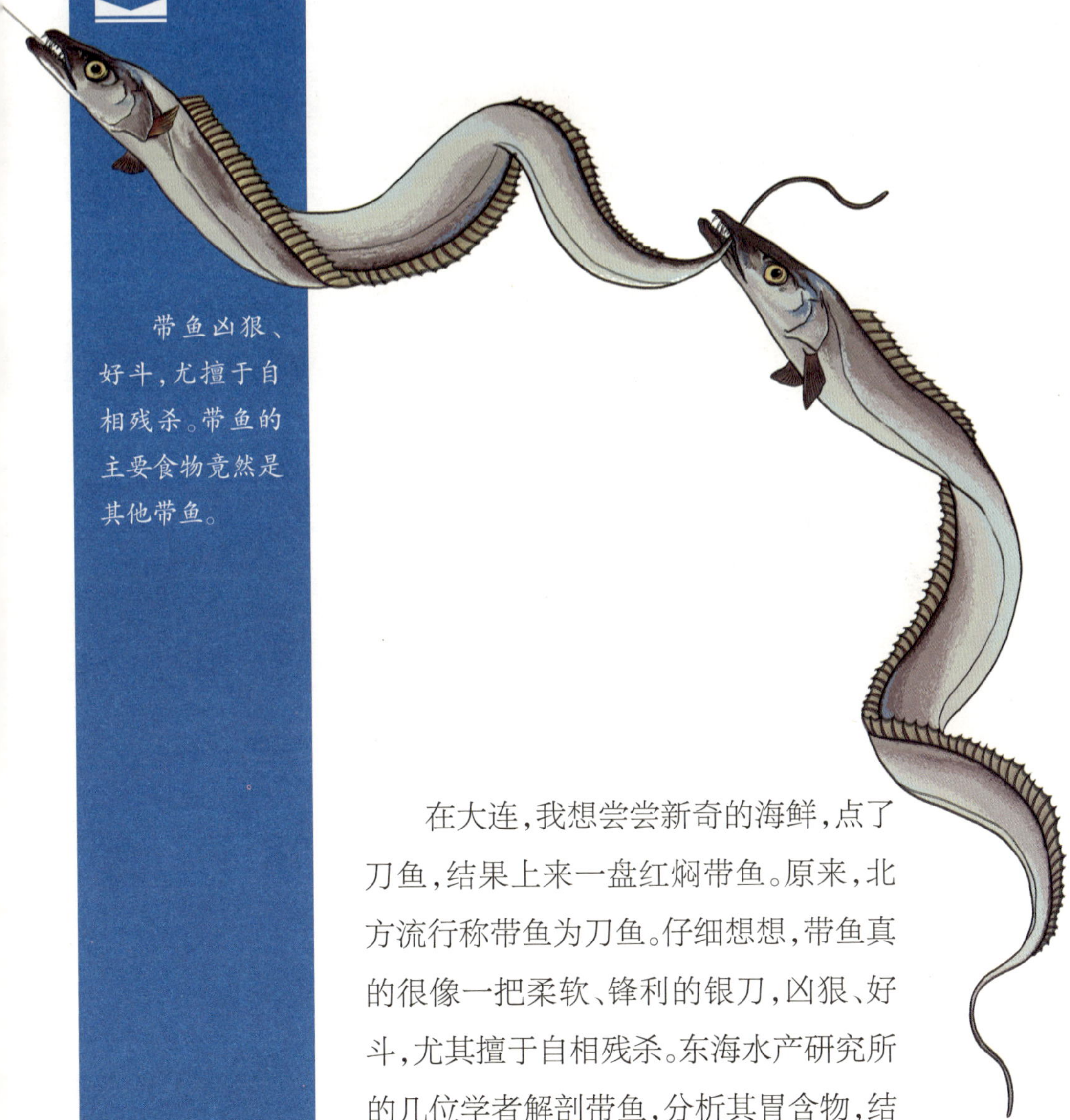

带鱼凶狠、好斗，尤擅于自相残杀。带鱼的主要食物竟然是其他带鱼。

在大连，我想尝尝新奇的海鲜，点了刀鱼，结果上来一盘红焖带鱼。原来，北方流行称带鱼为刀鱼。仔细想想，带鱼真的很像一把柔软、锋利的银刀，凶狠、好斗，尤其擅于自相残杀。东海水产研究所的几位学者解剖带鱼，分析其胃含物，结论是：带鱼的食物以鱼虾为主，达62种，其中前几名是带鱼、磷虾、糠虾、刺鲳等。令人惊讶的是，带鱼的主要食物竟然是其他带鱼。

你如果断言自相残杀必然危害种群，那就错了。带鱼一向是我国最重要的一种经济鱼类，沿海各省均产，和大小黄鱼、乌贼并称为我国四大海产。经过半个世纪的酷渔滥捕，其他三大海产遭受重创，有的甚至濒临灭绝，唯独带鱼一枝独秀。但带鱼的个头却越来越小了。清代道光年间的《胶州志》记载："带鱼大者长三尺余"（一尺约33厘米），如今的山东带鱼，平均体长不过一尺而已。还有学者指出，闽南渔场的带鱼，1977年平均体重295克，2002年下降到79克。但这并非带鱼的问题，中国近海的所有鱼类都来不及长大就被渔网剿灭。带鱼与人斗，与自己斗，种群仍旧生生不息，旺盛的生殖力令人惊叹。

如此独特又常见的鱼类，宋元以前却罕见记载。明代万历年间，福建学者谢肇淛（zhào zhè）在《五杂俎（zǔ）》中提到老家的带鱼，说它没有鱼鳞，腥臭，属于"诸鱼中最贱者"，不好意思端上桌面待客。差不多同时，浙江学者屠本畯记录福建海产，在《闽中海错疏》描述说：带鱼身体单薄而长，牙口锐利，尾巴尖细，只有一条脊骨，没有鳞片，夜晚灿然有光，"大者长五六尺"——体长近

谢肇淛：明代福建长乐县人，官至广西右布政使，有著作多种。《五杂俎》为其撰写的笔记，多记各地风物掌故，有很高的史料价值。

《闽中海错疏》：我国最早一部海洋动物志。作者屠本畯是宁波人，明万历年间任福建盐运同知。他勤学好问，于1596年著成《闽中海错疏》，记录福建海产鳞部167种、介部90种和附录2种。该书分类合理，考订精详，是我国生物学史上的重要著作。海错，指海物错杂，种类繁多。

两米,那时的带鱼真大啊!

李时珍的《本草纲目》没有记载带鱼,清代学者赵学敏在《本草纲目拾遗》中补充,引用了一些半真半假的传说。他生动地写道:听渔民说,这种鱼八月份从外洋游来,千百成群,每头都咬着前一头的尾巴,无法用网捕捞,唯有用鱼钩钓捕。他又引述《物鉴》的记载,说带鱼衔尾而行,宛如一条长绳,渔民只要钓起一只,就连带提起了绵长的一串,不可断绝。等到船舱满载,渔民再挥刀斩断,舍弃其他带鱼。这番描述未免夸张。实际情形是,带鱼性情凶猛,经常攻击同类,一鱼上钩,往往被另一条带鱼咬住尾巴,有时一钓而带起两三条。厦门有句谚语说:白鱼(带鱼)连尾钓。

带鱼是深水洄游性鱼类,早期记载多见于福建,闽南渔民的带鱼延绳钓又赫赫有名,所以很多人以为带鱼是福建特产。清初,浙江画家聂璜在闽东看见带鱼,十分惊奇,在带鱼图上写上题记:查考古代的类书,不见带鱼,浙江与广东也很罕见,"盖闽中之海产也"。我们今天知道,聂璜闹了个笑话,带鱼并非闽海特产,他老家浙江的舟山渔场,才是我国带鱼的主要产卵场,带鱼资源最丰富。

小贴士

带鱼捕捞

带鱼可能是中国人最熟悉的一种海鱼了。带鱼繁殖力惊人,长期以来,在我国海洋捕捞渔业中稳坐头把交椅,年产约百万吨,占全球带鱼捕捞量的五分之四。我国传统的"四大海产"中,大小黄鱼和乌贼的产量早已衰退,唯有带鱼坚挺如故。带鱼至今无法养殖,全部来自海洋捕捞,浙江省产量最高,福建省其次。

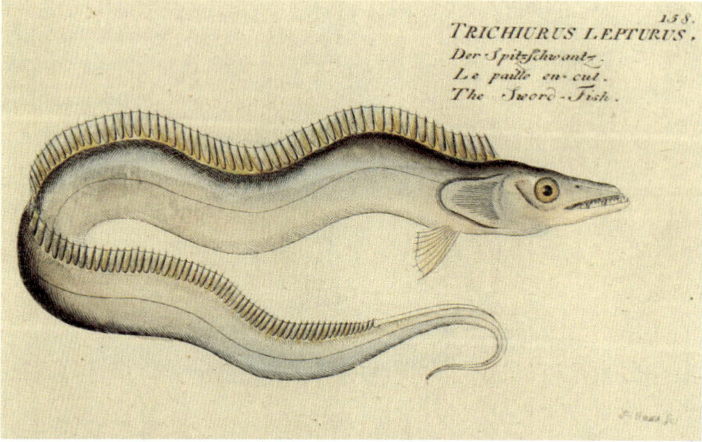

◀带鱼宛如一把银亮而柔软的宝刀，又被形象地称为刀鱼、剑鱼、裙带鱼。
图为德国著名鱼类学家马库斯·埃利瑟·布洛赫绘制的白带鱼，1796年。选自《鱼类博物学》

带鱼跟豆腐一样，人们总是强调本地的好。厦门菜市场的鱼贩子常常吹嘘自己卖的是“正港钓白”（本地海域钓捕的带鱼）；福州人则对“本洋”带鱼最有信心；在舟山沈家门渔港的饭桌上，主人同样夸赞：“这鱼新鲜，肥嫩，是本港带鱼！”

每年秋季，带鱼从北方进入闽海越冬，形成冬汛；春季气候回暖，带鱼则成群北上产卵。清人施鸿保在《闽杂记》中说，福建人相信带鱼是鹭鸶变成的，因为带鱼的眉目与鹭鸶相似，腥味相同，更重要的是“鹭鸶以清明后来，过白露日即无；带鱼以白露来，过清明即无”。这是一种有趣的解释。闽海捕不到带鱼的时候，原来它在天上飞。

●**《闽杂记》：**清代浙江钱塘人施鸿保入闽担任幕僚14年，于1858年著成《闽杂记》，以外地人的眼光，记录了福建各地的风俗民情和社会文化状况。

【大黄鱼】

敲罟(gǔ)作业在广东饶平县和南澳县秘传了400多年,宝刀出鞘(qiào),立即终结了我国渔业的大黄鱼时代。

差点因“脑震荡”而灭绝

大黄鱼曾经是我国最重要的经济鱼类,位居“四大海产”(大黄鱼、小黄鱼、带鱼和乌贼)之首,年捕捞量约10万吨。它在短短二三十年里濒临灭绝,令人痛心。

浙江沈家门的一位水产专家说,20世纪50年代,福建有一种叫敲罟的作业方式传到温州,迅速推广。大黄鱼是石首鱼科,头骨中有两枚耳

◢ 大黄鱼通体金黄，唇红齿白，看上去吉祥喜庆，是中国人最喜欢的经济鱼类。因为其头骨中有两块白色小耳石，又称石首鱼。

图片选自清代画家聂璜《海错图》“石首鱼”

石。敲罟时，许多船一起敲竹板，在水中产生共振，大鱼小鱼一起脑震荡，造成灭绝性捕捞。20世纪80年代后期，野生大黄鱼就绝迹了。

敲罟作业需要数十艘船只联合作业。两艘大渔船（罟公、罟母）在中间，张好网，再用二三十条小船在大船前围成半圆，每艘小船三人，一人摇橹，两人敲打绑在船帮上的竹杠，发出巨大的合

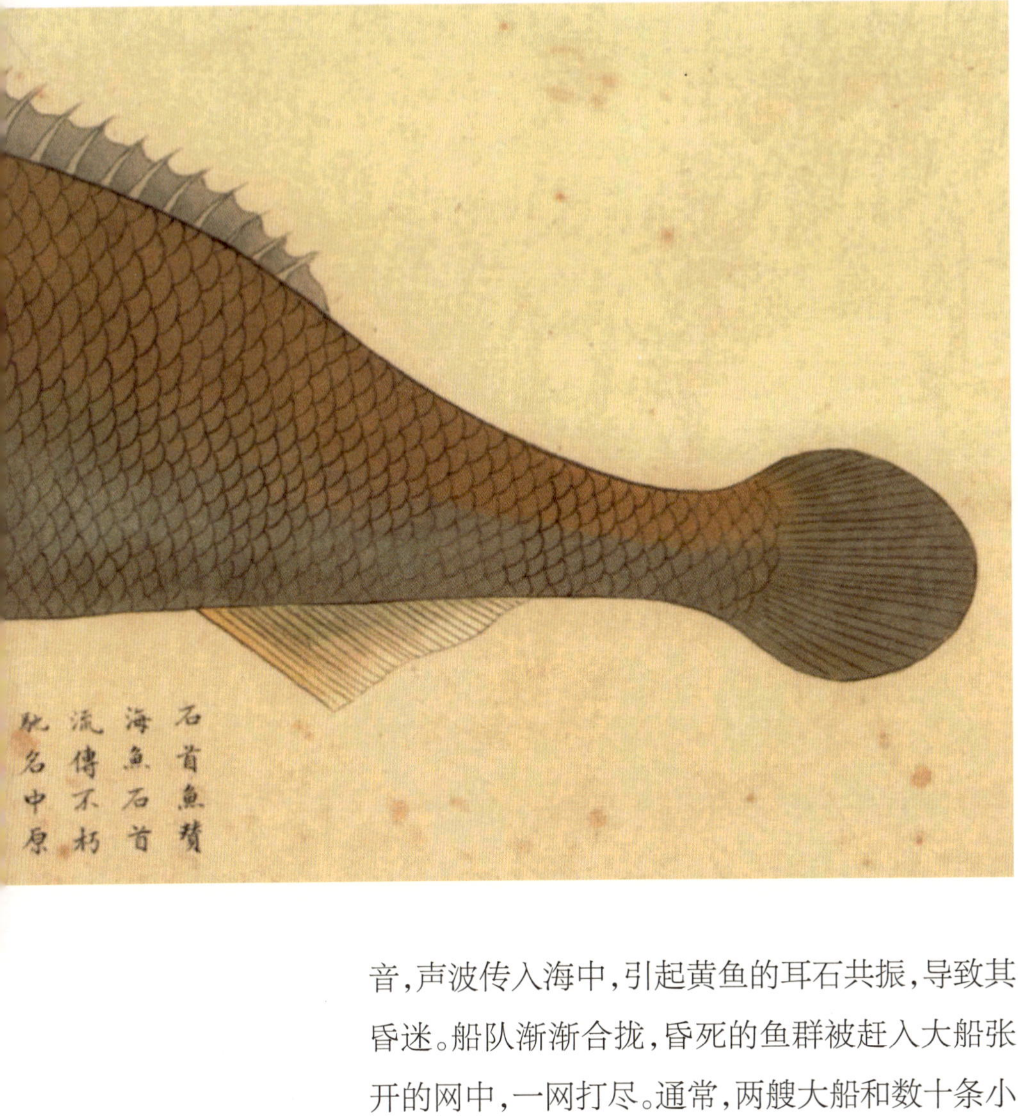

音，声波传入海中，引起黄鱼的耳石共振，导致其昏迷。船队渐渐合拢，昏死的鱼群被赶入大船张开的网中，一网打尽。通常，两艘大船和数十条小船组合为一艚（cáo）。1957年春汛时，温州地区发展到130艚，秋汛增加到162艚，当年大黄鱼总产量9.65万吨，为常年的20多倍。

鱼多价贱，大黄鱼跌至每斤五六分钱，更多

幼鱼则堆在滩头腐烂，用作肥料。1963年，国务院下达《关于禁止敲罟的命令》，但大黄鱼种群已经遭受重创。最致命的一击来自1973年年底，浙江省组织了数千对机帆船前往外海，用大围网扫荡大黄鱼的越冬场，满载而归。从此，大黄鱼的渔汛消失。

敲罟作业成本很低，但效率奇高，不分老幼，一律聚歼，堪称对付大黄鱼的终极渔法。许多人认为这是导致大黄鱼濒临灭绝的主要原因。但敲罟作业真的是由福建传开来的吗？据1993年出版的《平阳县志》载，温州地区的敲罟作业果然是福建传去的："1956年6月，福建惠安县渔船在石坪乡（今苍南县）海面开始敲罟捕捞大黄鱼获得高产，渔民纷纷仿效。"但这一捕鱼方式的发明专利却并不属于福建人。

《福建省水产志》记载说："1954年3月，东山、诏安县部分渔民聘请广东广澳乡敲罟技术员传授技术，开始发展敲罟作业。"根据《崇武镇志》，福建省惠安县崇武渔民的敲罟技术，是1955年从广东学来的，次年传到浙江。

敲罟作业的源头在广东潮汕地区。据李开洲《南澳罟艚歌》一文介绍，广东省南澳县的敲罟技术是明代嘉靖年间（1522—1566）从饶平县大埕

▶敲罟作业场景：小船上的渔民齐敲竹杠，声波传导到水中，引起大黄鱼头骨中的两块小耳石共振。这种利用声学原理的"高科技"渔法，把大黄鱼推向绝路。

乡学来的。1871年，南澳已有敲罟作业28艚，1949年剩5艚。南澳至今还保存了不少古代敲罟渔歌。

作为一种古老而先进的渔法，敲罟作业在广东饶平县和南澳县秘传了400多年，因为粤东海域并非大黄鱼主产区，效果有限。当它传播到大黄鱼的主要产卵场——闽东、浙南海域，犹如宝刀出鞘，威力巨大，立即终结了统治中国海洋渔业上千年的大黄鱼时代。

20世纪80年代末，就在大黄鱼即将灭绝的关键时刻，福建省宁德水产局的技术员刘家富人工繁殖大黄鱼成功，三都澳因此成为我国大黄鱼养殖的主产地。因为他的努力，我们今天还能吃到大黄鱼——虽然都是养殖的。

大黄鱼并没有灭绝。刘家富先生说，只要坚持放流鱼苗，避免酷渔滥捕，终有一天，我们的大海将恢复大黄鱼的自然种群。这是一个令人欣慰的消息。

小贴士

大小黄鱼

大黄鱼和小黄鱼都属于石首鱼科黄鱼属，头部有两块小耳石，模样相似，但它们是两种鱼。顾名思义，大黄鱼体型较大，主产于东海和南海；小黄鱼体型较小，主产于渤海和黄海，二者均跻身我国“四大海产”之列。敲罟作业传到浙江后，重创大黄鱼种群，就被国务院叫停，北方海域的小黄鱼逃过一劫，至今产量颇丰。

【鲥鱼】

一种历史悠久、年产百万公斤的鱼类，猝不及防，就变成了传说。

鲥鱼的临终时刻

江西省峡江县，因位于赣(gàn)江最狭窄的一段河道而得名。峡江水深流急，溶洞交错，至巴邱古镇附近，江面豁然开朗，江心涌起一片沙洲，叫成子洲。很少人知道，巴邱镇上下30公里的赣江水域，是长江鲥鱼最隐秘的产卵场，成子洲就是产卵场的中心。

鲥鱼，又称时鱼，是一种南方近海鱼类，春夏之际返回内河产卵，来去有时，故称时鱼。李时珍的《本草纲目》说：“鲥鱼，初夏时有，余月则无，故名。”在我国东南地区，因为鲥鱼溯游产卵，形成了三大特产——长江鲥鱼、富春江鲥鱼和西江鲥鱼。福建鲥鱼虽然默默无闻，却是全国独一无二的冬季鲥鱼。清代福州籍高官梁章钜在《浪迹三谈》中自夸：鲥鱼，冬出者最美，吾老家乡间就有。

在各种鲥鱼里，长江鲥鱼名气最大。每年暮春初夏，大批鲥鱼溯（sù）长江而上，进行生殖洄游，通常游到江西九江市就进入了鄱阳湖，但也有少数一直游到湖北武汉、宜昌。在洄游途中，鲥鱼停止摄食，所以初入长江口时最肥美，被江苏、浙江人当成顶级江鲜，明清时更荣登贡品，称鲥贡。这时的鲥鱼脂肪丰厚，最适合带鳞清蒸，味美而多刺。宋代的彭渊材是个鲥鱼迷，说人间有五大憾事，第一便是“鲥鱼多骨”。至于那些长途狂奔到武汉的少量鲥鱼，油尽灯枯，全身只剩下骨头，被当地人贬为“瘟鱼”，不大值钱。产卵之后，重返大海的鲥鱼更是大掉身价，无人理会。民间自古有“来鲥去鲞（xiǎng）”的说法，大意是，来的时候才是鲥鱼，产卵后回去的只是一条枯瘦的鱼干。

鲥鱼既然如此贵重、守时，所以旧历四月，当

李时珍《本草纲目》：李时珍（1518–1593）是湖北蕲州（今黄冈市）人，明代医药学家，花费了一生心血编定《本草纲目》52卷。该书集我国16世纪以前本草学（医药学）之大成，影响深远。李时珍与扁鹊、华佗和张仲景并称中国古代四大名医。

大量长江鲥鱼如约而来时，从入海口开始，就受到南通、江阴、镇江、南京、芜湖、铜陵、安庆等地的渔民重重截杀，数量越来越少。尽管溃不成军，剩下的鲥鱼依然力争上游，向一张张等候它们的渔网游去。它们到底奔向哪里产卵？千百年来，无人知晓。

20世纪70年代，长江水产研究所终于确认，大部分鲥鱼从湖口进入鄱阳湖，再上溯赣江，来到峡江成子洲产卵。此时，峡江县上游一百多公里的万安县正在兴建一座坝高68米的大型水电站。1990年，万安电站首台机组发电。赣江每年定期出现的洪峰，江流的透明度、水温和流速，都因电站的存在而发生了改变。可怜峡江县，还没来得及享受“鲥鱼窝”的荣耀，峡江产卵场就没有鲥鱼了。

▼ 鲥鱼与刀鱼、河豚并称“长江三鲜”，味美刺多，自古十分名贵。选自（清）《古今图书集成》

据统计，长江鲥鱼的产量1974年为157.7万公斤，1986年只剩下1.2万公斤。1996年，长江水产研究所组织渔民在峡江产卵场作业21天，一无所获。此后，人们在长江中再也没有见到鲥鱼的身影。2015年，东海

旧历四月，大批鲥鱼从入海口涌进长江，在南通、江阴、镇江、南京、芜湖、铜陵、安庆等地，受到渔民的重重截杀，越来越少，却依然力争上游，向隐秘的产卵场奔去——但这是以前的场景。最近30年，没有人见过任何一条鲥鱼。

水产研究所专家向记者表示：虽然长江鲥鱼消失了近30年，但按学术界惯例，长江鲥鱼目前只能算“功能性消失”。再过20年没有踪影，就可以判断长江鲥鱼已经绝迹。

除了长江鲥鱼，我国还有富春江鲥鱼、西江鲥鱼。如今它们境况如何呢？《富阳日报》说，浙江新安江水电站落成后，鲥鱼锐减，最后一尾富春江鲥鱼于1992年被人捕获。在珠江水系，有报道称，最后一尾西江鲥鱼早已被广东佛山市稔海村的梁姓渔民捕获，时为1990年7月。如今，出现在我们餐桌上的鲥鱼，均为引进的美国鲥鱼、泰国鲥鱼或缅甸鲥鱼，美食界公认，滋味远远不及中华鲥鱼。

这是个悲伤的故事。一种历史悠久、年产百万公斤的鱼类，猝不及防，就变成了传说。不巧，我们正好赶上了它的临终时刻。

小贴士

鲥鱼进贡

长江鲥鱼明代列为贡品，称“鲥贡”。为了保鲜，鲥鱼出网后必须立刻用冰封藏，然后装入贡船，昼夜兼程，沿着大运河直赴北京，沿途不断换冰。于慎行诗云：“六月鲥鱼带雪寒，三千里路到长安。”民间怨声载道。清初沿袭明代“鲥贡”，后来被康熙皇帝罢停。

【文昌鱼】

文昌鱼原来按条买卖。谁也没想到，厦门刘五店海域居然形成了文昌鱼渔场，产量以吨计算。这也是全世界唯一一个文昌鱼渔场。

刘五店渔场的消失

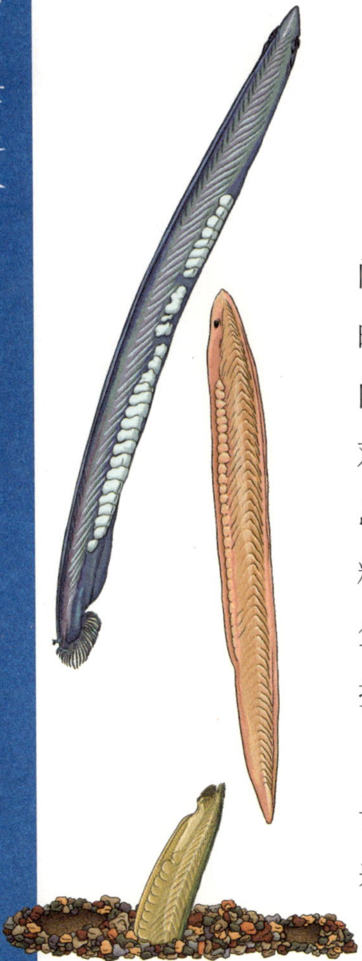

明清时期，从泉州到厦门的旅客，一般在翔安半岛的刘五店村换船，过渡到厦门岛上的五通村。刘五店斜对面有座名叫鳄鱼屿的无人岛，海底原是一片浅沙滩，沙粒间生长着一种半透明的小鱼，两头尖细，当地人称“扁担鱼”，通称文昌鱼。

文昌鱼有点像银鱼，体长从2厘米到5厘米不等，差不多1万条才凑成一公斤。从前，刘五店和附近村庄的人摇着小船，用铁铲从海底捞起一堆沙，倒在漂浮于水面的木板上，再舀海水冲走沙子，留下细细小小的文昌鱼。

文昌鱼属于脊索动物，在学术界大名鼎鼎。1874年，德国著名生物学家恩斯特·海克尔在《人类进化》一书中提出，文昌鱼是最接近脊椎动物的无脊椎动物，是脊椎动物的祖先；因为缺乏骨骼，已灭绝的无脊椎动物都没有留下化石，所以"活化石"文昌鱼非常珍贵，他力劝读者"怀着特别敬重之情"看待文昌鱼。但德国动物学家安东·多恩说，文昌鱼是由脊椎动物退化（失去了脊椎）演变而来。这是一场著名论战，两位学者激烈交锋，最终尘埃落定，海克尔的推测更接近真理。

刘五店的村民世世代代捕捉文昌鱼，煮酱油水或炒蛋下饭，一点儿不觉得稀罕。据调查，1953年，刘五店有418人依靠捕捉文昌鱼生活，4小时能捕捞5公斤左右，年产量约35吨，其干制品则销往印尼、新加坡等地的华侨社区。

在厦门的传统食用鱼里，虾米般的文昌鱼根本没人瞧得上眼。厦门大学成立后，重金聘请了一批国外学者任教，其中就包括生物系的美籍动物学家S.F.赖特。赖特教授惊奇地发现，文昌鱼在厦门烂贱如泥。1923年，他在美国的《科学》杂

恩斯特·海克尔：德国19世纪著名的生物学家、博物学家和艺术家，最早绘制动物系谱图的学者之一。他提出了"生态学"一词，将达尔文的进化论引进德国，并在此基础上继续完善了人类的进化论理论。

▲半透明的文昌鱼看上去像鱼类，但它没有脊椎骨，所以不属于鱼类。实际上它是脊索动物——鱼类的祖先。

图为“盲鳗与文昌鱼”，(英)汉密尔顿·罗伯特绘，1866年

志予以介绍。

在厦门文昌鱼被发现之前，中国的学术机构向美国购买文昌鱼标本，每条需要美金两角。尽管亚洲、大洋洲、美洲和非洲都发现了文昌鱼，但数量稀少，非常昂贵。谁也没想到，在厦门刘五店23平方公里的海域里，居然形成了文昌鱼渔场，产量以吨计算。这也是全世界唯一一个文昌鱼渔场。赖特教授的报道，让文昌鱼的国际价格应声而落。

据刘五店的居民说，以前村前面的海底文昌鱼最多，但现在一条也没有。附近欧厝村的老人

协会会长王亚其说:“高集海堤建成后,刘五店那边的海底都是泥,没了沙子,文昌鱼很少,1965年就没有文昌鱼了,1970年以后,里面的海湾统统没了。现在只有我们欧厝,还有厦门的黄厝村前面还有文昌鱼。前些年我们村还有人挖文昌鱼。”

刘五店和欧厝,都坐落在翔安半岛上,但刘五店和鳄鱼屿位于同安湾内,欧厝面对金门,属于大嶝海域。黄厝在厦门岛东南,面对小金门。也就是说,同安湾内的刘五店文昌鱼,已经转移到厦门、翔安与金门之间的东部海域,但产量大大减少,已经谈不上渔场了。

据学者研究,文昌鱼一生中有3次生殖,通常第4年死去。文昌鱼的最大威胁并非捕捞,而是生态环境的改变。1956年建成的高集海堤切断了环岛海流,导致刘五店海域软泥淤积,才是文昌鱼渔场消失的主要原因。

很多事难以补救。为了修复海洋生态,2012年,厦门市实施高集海堤“开口”改造工程,环岛海流基本恢复,但文昌鱼没有回归故园。

小贴士

文昌鱼近况

文昌鱼比所有的鱼类起源更早,逃过无数次生物大灭绝,散布于世界各地,包括我国的厦门、青岛、烟台、海南岛、东山岛等海域。好消息是,厦门市水产研究所2008年宣布,文昌鱼的全人工繁育批量生产技术已经成熟,可望以增养殖的方式恢复文昌鱼渔业。文昌鱼尚无灭绝之忧。

【弹涂鱼】

缘木求鱼被人嘲笑了千百年，原来并非无稽之谈。

有信仰的鱼

在闽东，弹涂鱼是招待贵宾的海鲜名菜，当地称之为跳跳鱼，颇为珍视。弹涂鱼模样很丑，黑不溜秋的，初看像拇指大小的泥鳅，但是有鳍，前肢仿佛小爪，还有一双大而突出的眼睛。

许多人吃海鲜，大多是稀里糊涂，吃过就忘。跳跳鱼以它的怪模样以及这个有意思的俗名让人过目难忘。弹涂鱼产于海岸滩涂，潮退，泥滩上到处都是，跳来跳去，此起彼伏，一有动静就迅速钻进洞穴。它们还善于攀岩，能爬上红树林的枝条——缘木求鱼被人嘲笑了千百年，原来并非无稽之谈。

福建古书里常见到弹涂鱼的身影。晚清郭柏苍的《海错百一录》说，跳鱼产于咸淡水交汇的地方，大如指头，肉细味清，腹中有黄子者尤佳，泉州、漳州一带称花跳，福州呼江犬，仙游县谓之超鱼。民国时期的《霞浦县志》描述道：跳鱼，一名弹涂鱼，又名泥猴，藏身于海泥中。清《澎湖纪略》则说：跳鱼生于海屿边的泥涂中，善于跳跃，故而得名；因为身上有花纹，所以又称花鱼；用来煮汤做羹，滋味颇佳。

说到弹涂鱼味美，可能缺乏共识。在福建，闽东地区弹涂鱼的地位最高，而闽南海鲜市场罕见弹涂鱼。闽南人认为弹涂鱼最贱，从前是穷人家配稀饭吃的，不能上桌待客。江浙各地对于弹涂鱼的评价，也是爱憎分明，反差很大。明代太仓才子陆容在《菽园笔记》中记载说：余姚人经常吹嘘他们的弹涂鱼，说味道多美，我详细打听了一下，原来就是望潮郎；这东西在我家乡，再贫穷的人也不吃，他们却当成珍味，不可思议！

弹涂鱼机敏，善跳，给海边的孩子带来无穷

郭柏苍的《海错百一录》：晚清福州学者郭柏苍撰写的福建海产品专著，成书于1886年，记载福建沿海所产鱼类、甲壳动物、鸟类、海兽、海藻和海边植物约400种。

▶弹涂鱼善跳，行动快于思考，常落入人们设置的竹筒中。

选自(清)聂璜《海错图》"跳鱼"

小贴士

爬树的鱼

弹涂鱼用鳃呼吸，所以它是真正的鱼；但它也学会了短暂的陆地生活，能够攀岩，爬上红树林的根系和枝条，是一种古老的两栖鱼类。当弹涂鱼离水时，它的鳃腔会饱含一口水，以便获得足够的氧气，就像我们潜水时屏住一口气一样。弹涂鱼还可以用皮肤呼吸，但只有湿润的皮肤才行，所以它们常在泥地上打滚，给皮肤补充水分。

乐趣。在鲁迅的散文《故乡》里，少年闰土提到的乡下稀奇事之一，就是"我们沙地里，潮汛要来的时候，就有许多跳鱼儿只是跳，都是青蛙似的两个脚"，让少年鲁迅神往不已。滩涂泥软，一脚下去没到腿肚子，行走不便，闽浙沿海渔民发明了一种名叫"泥马"的滑泥船，一腿半跪在船上，一脚在外推动，一蹬腿滑行数丈，因此得以纵横滩涂追捕弹涂鱼。

用竹筒捕捉弹涂鱼，是广泛流行于东南沿海

潮退之后，滩涂是弹涂鱼的世界，它们在泥沼中打滚、弹跳、爬行，甚至爬上红树林。渔民们用竹筒伪装假穴捕捉它们，还发明了一种代步的“泥马”，在泥沼中快速滑行。

地区的方法。大概情形是，在滩涂上埋下许多小竹管，用泥巴覆盖，手指戳个小洞，伪造出一个假穴。弹涂鱼一受惊，急急忙忙往最近的洞口钻，正好落入竹筒。行动快于思想，就不免认错家门，落入陷阱。这道理对人对鱼都适用。

弹涂鱼终生在泥滩中打滚，地位卑贱，但并不影响它们志存高远。何乔远在《闽书》中指出，弹涂鱼“生泥穴中，夜则骈首朝北”——晚上头并头朝向北方。这一点，冯时可的《雨航杂录》也记载了，他说弹涂鱼头上有星星一样的斑点，成百上千在滩涂上跳跃，如果把它们覆盖在盆子下，第二天早上掀开，它们全都齐头北向，仿佛在朝拜北斗星。遇到这种心中有信念的鱼，吃货们要小心了。冯时可提醒说，“阑胡（弹涂鱼）虽小，头亦有星”，食之不祥。

原来古人不食弹涂鱼的原因里，其中之一是它们有信仰。它们的头上，烙下了星座的标记。这个卑微的物种，有一天会离开滩涂，奔向星辰大海吗？

何乔远《闽书》：何乔远是福建晋江人，明代官员、史学家。他博览群书，于1620年编撰完成《闽书》154卷，全面介绍福建地情、文化、民俗和人物等资料，相当于当时的“福建省志”。

【人鱼】

中国的半人半鱼物种，无论海和尚还是海女，都缺乏美丽的鱼尾，相当丑怪。

中国海洋里的丑人鱼

中国的海洋里没有美人鱼，只有丑人鱼。

先秦古书《山海经》记述了四五种半人半鱼的物种，片言只语，面目模糊。有一种是“如鱼而人面”的赤鱬(rú)，另一种是人面、鱼身、无足的氐(dī)人，二者生活在江河湖泊中。还有一种“人面、手足、鱼身”的陵鱼，生活在海中，不知道性别。看名字，“鱼妇”似乎是女性人鱼，可是也不一定，传说鱼妇是五帝之一颛顼（zhuān xū）死后复活变成的。

魏晋时期最有名的人鱼是鲛人。张华《博物志》说，南海有鲛人，像鱼一样住在水里，会纺绩（fǎng jì），“其眼能泣珠”——眼里能够流出珍珠。传说有个鲛人来到城里，租下一间房屋，依靠纺织卖绢为生，临走的时候，鲛人流下眼泪化成一盘珍珠，报答房东。这就是“鲛人泣珠”的典故。我们想，鲛人能纺绩，应该是女性人鱼。但是也不一定。上古遗留下来的人鱼图像，基本都是男性。清人沈起凤写了一篇名叫《鲛奴》的小说，重新演绎鲛人泣珠的故事，文中鲛奴的形象是“碧眼蜷须，黑身似鬼”。碧绿的眼珠、蜷曲的胡须、黝黑的皮肤，显然是男性人鱼，并且很丑。

唐人终于发现了海里的美人鱼。据记载，东海的人鱼“大者长五六尺，状如人，眉目、口鼻、手爪、头皆为美丽女子，无不具足。皮肉白如玉，无鳞，有细毛……”遗憾的是，作者只顾描写海人鱼如何像美人，却忘了指出哪点像鱼。数百年后，宋人也谈到一种女性人鱼：一官员奉使前往高丽（lí），晚上在山边停船，“望见沙中有一妇人”，红衣袒露，髻鬟（jì huán）纷乱，肘后生有红色的鱼鳍。官员命人把她救回到水中，那妇人颇知礼节，

《博物志》：晋朝文学家张华的著作，内容包罗万象，集神话、古史、博物、杂说于一炉。后来，宋李石著《续博物志》，明游潜的《博物志补》、董斯张的《广博物志》等皆仿此而作。

纺绩：古代纺指纺丝，绩指缉麻。就是把丝麻等纤维纺成纱或线。

高丽：朝鲜半岛历史上的王朝。

●**宦游**：古代官员因离乡当官而四处奔走。

反复拜谢，后消失在海中。

通常，人鱼的头面像人，身体则分为两大类型：一种手脚俱全，身上长有鱼鳍；另一种没有双腿，腰部以下变成一条鱼尾。鱼尾型的美人鱼，宋代也有记载，说有位渔民网获了一条鱼，“自腰以下鱼也，腰以上乃美妇人”。从文献资料看，中国的人鱼，多为鱼鳍型；欧洲的人鱼，多为鱼尾型。

黄衷是明中叶广州府南海县人，1496年中进士，曾宦游南方各省，退休后请教南海水手，写下

▲《山海经》说：“陵鱼人面，手足，鱼身，在海中。”
图片选自清《古今图书集成》

▲明人黄衷《海语》记载：“海和尚，人首鳖身。”
图片选自明《三才图会》

▲耶稣会士南怀仁《坤舆图说》提到“大东洋海产鱼，名西楞，上半身如男女形，下半身则鱼尾”，则是海外人鱼了。
图片选自清《古今图书集成》

奇书《海语》，其中记载了两种四肢俱全的人鱼：一是“人首鳖身”的海和尚，一是脊背长着背鳍的人鱼。一百多年后，著名诗人屈大均在《广东新语》中搜罗了古代各种人鱼知识，大略分为两类：“人鱼，雄者为海和尚，雌者为海女。”

公元1689年，福宁州(今福建霞浦)渔民在海上网获了一个大鳖，长着人头，围观者吓坏了，赶紧放回海中。有位名叫聂璜的画家这时正好在福宁州，根据目击者的描述，绘制了一幅“人首鳖身”的海和尚图。聂璜对人鱼颇感兴趣，他的《海错图》画册中，还有一幅长有背鳍的人鱼图，但都不美。画家的写实描绘，终结了我们对于人鱼的浪漫想象。

中国的半人半鱼物种，无论海和尚还是海

▶中国古代的人鱼传说零散、混乱。清初，广东诗人屈大均略作整理，把雄性人鱼统称“海和尚”，雌性人鱼统称“海女”。前者的原型可能是棱皮龟，后者的原型可能是儒艮。

◣人鱼手足俱全，有背鳍、尾巴。选自(清)聂璜《海错图》“人鱼”

◀海和尚人首鳖身，光头，有四肢。选自(清)聂璜《海错图》“海和尚”

女，都缺乏美丽的鱼尾，相当丑怪。也许因为我们的海洋里已经有了美丽的龙女，人们无意美化人鱼。据当代学者研究，海和尚的原型可能是棱皮龟，人鱼应该是儒艮（gèn），从照片看，很难想象哪个王子会爱上它们。

小贴士

儒艮

最接近人鱼的海洋生物，无疑是儒艮。这是一种海洋草食性哺乳动物，身体呈纺锤形，长约3米，体重300—500千克，在我国仅见于南海。20世纪70年代，北部湾海域儒艮成群，此后数量急剧减少。1996年，广西北海成立国家级儒艮自然保护区。最近10年，儒艮销声匿迹，有些学者甚至怀疑中国海域的儒艮已经灭绝了。

【鲸鱼】

梁元帝萧绎把浴盆当成大海，想象自己是一条大鲸鱼，提出了一个有趣的潮汐假说……

手持长枪的捕鲸手

地球上最宏伟的生命到底有多大？两千多年前，庄子想象北方的大海里生活着一种鲲鱼，“鲲之大，不知其几千里也”。我们知道，宝岛台湾从头到尾不足800里，一头鲲鱼，就抵得上两三个台湾岛大，真是不可思议！东晋郭璞(pú)《玄中记》谈到东海里的大鱼，说航海的人，第一天遇到鱼头，第七天才见到鱼尾。显然，他们说的都是巨鲸。

鲸鱼之大，甚至让大海显得局促和渺小。梁元帝萧绎(yì)提出了一个有趣的潮汐假说：鲸鱼住在海底的一个大洞穴里，每天准时出入，当它进洞时，海水满溢而出，大海涨潮；当它出洞时，海水填入洞穴，大海退潮。我猜梁元帝一定是在浴盆洗澡时有了这个灵感，他把浴盆当成大海，自己则是一条让海潮涨落的大鲸鱼。

鲸鱼既然是一种真实的生物，经常现身人世，想象难免被现实拖累，逐渐现出原形。魏晋时期，人们描述的鲸鱼，体量已经变得很小，魏武《四时食制》说：东海有大鱼如山，长五六里，名叫鲸鲵(ní)。唐代的刘恂说最小的鲸鱼也有一千多尺，能够吞下一条大船。广州每年都有商船前往安南(今越南)做生意，在南海深阔处，经常望见十余座时隐时现的山头，水柱上冲，风吹如雨——那是鲸鱼在喷气。

鲸鱼生活在深水区，但是偶尔会有鲸鱼搁浅死在岸边，古人注意到，它们都失去了眼睛。这是为什么呢？东汉学者杨孚(fú)猜测说，鲸鱼的眼珠最珍贵，死后化为夜明珠。清代学者钱泳另有看法，他称鲸鱼为“抉目鱼”，说每逢闰年必定有一头巨鱼或龟鳖死于岸上，这是因为它们生前兴风作浪，造成死伤人命的海难，受到海神的严厉

《玄中记》：是东晋文学家郭璞创作的一本志怪小说集，津津乐道于远古神话、山川动物、精怪故事和远国异民，通常被归类为地理博物类志怪小说。

魏武《四时食制》：魏武帝即曹操，东汉末年著名政治家、军事家和文学家。传说他著有《四时食制》，介绍春夏秋冬的饮食养生方法。该书全文已佚，仅有14条因被《太平御览》等书引用而留存至今。

惩罚，抉目（挖眼）示众。看来，以眼还眼、杀人偿命，不仅是流行于人世间的法律，还是自然界的天理。

我国南北海域都有鲸鱼。明清之际，鲸鱼有时会现身于黄海和渤海，其庞大的身躯引人注目，地方志纷纷以“巨鱼”“房鱼”“鳅龙”来记载。山东长岛的渔民把鲸鱼称为“赶鱼郎”，认为青鱼渔汛是由于鲸鱼在后面赶食所形成的。民谣唱道：“赶鱼郎，黑又光，帮助我们找渔场。”

渔汛：某些鱼类在一定时期内集中在一定海域，适于捕捞。

鲸鱼肉本身并不好吃，粗老、腥臭，唯一的用处是提炼油脂，作为灯油。山东《文登县志》描述

▶古代欧洲人杀鲸，和中国人一样，也是架上梯子割肉。图为法国木刻版画，巴黎，1574年

说，遇到死去的鲸鱼，当地渔民会用木头撑开它的大嘴，像一座城门，人们来来往往，从它的肚子里割取脂肪，回家熬油。根据《闽中海错疏》记载，福建人也一样，遇到鲸鱼在岸边搁浅，就搬来很多梯子，纷纷爬上去割肉，回家提炼灯油。

浩瀚的大海，唯有鲸鱼的体型与之相称。据《述异记》："南海有明珠，即鲸鱼目瞳。"传说鲸鱼死后都失去了眼睛，其眼珠化为夜明珠，继续照耀大海。

▶南怀仁在《坤舆图说》中，将鲸鱼称为把勒亚鱼，说它头上有两个大孔，见海舶则喷水，海舶顷刻沉船。

图片选自清《古今图书集成》

南海浩瀚深邃(suì)，鲸鱼成群出没，广东很早就出现了鲸鱼捕捞业。清初《广东新语》记载说，广东的疍(dàn)人辄以长绳系枪，飞刺之”，意思是，疍民把长绳系在标枪上，向鲸鱼投掷。清代康熙年间的《雷州府志》描述雷州半岛的捕鲸活动，说当地的蜑(疍)户往往聚集十多条船只，用系着绳子的标枪投掷鲸鱼，而后拉着长绳尾随数天，待鲸鱼奄奄一息才收拢绳索，把它拖回岸边。

所谓疍民，是生活于我国南方闽、粤、桂、琼海岸的一个水上族群。他们以船为家，手持长枪，追波逐浪，是我国古代最勇敢的捕鲸手。

小贴士

鲸鱼的“集体自杀”

在世界各地，常发生鲸鱼成群搁浅而死的现象，媒体称之为鲸鱼的“集体自杀”。自杀是人类独有的反常行为，生物的唯一本能是生存和繁衍，所以鲸鱼不可能自杀。那到底是什么原因让其“集体自杀”呢？这仍是一个难解之谜。

【江豚】

物类的性格深入骨髓，跨越生死。传说江豚的前世是懒妇，死后化为灯油，不改厌倦工作的品性。

死不悔改的懒妇鱼

虽然都与"猪"有关，但是河鲀、海豚、江豚三者差异很大。河鲀是一种几两重的小鱼，剧毒而味美，自古有"拼死吃河鲀"的说法。海豚、江豚都是体重数百斤的大型水生哺乳动物，属于"同目兄弟"（脊索动物门、哺乳纲、鲸目）。海豚自成一科，有背鳍和猪鼻一样的尖吻；江豚属于鼠海豚科，背脊光滑，头部钝圆。

◀江豚总是逆风浪而游，载沉载浮，宛如望风而拜，俗称"拜风"。选自（清）《古今图书集成》"江豚图"

世界上的江豚分为两大类——印度洋江豚和东亚江豚。东亚江豚一部分生活在海洋中，一部分生活在长江里。2018年4月，中美科学家在《自然通讯》联合发文，称淡水中的长江江豚与海洋江豚之间存在生殖隔离，没有基因交流，长江江豚是一个独立物种。

这一结论姗姗来迟，此时的长江江豚已经极度濒危。2018年7月，中国农业农村部发布最新科学考察报告，长江江豚现存约1012头，能否维持种群生存，让人担忧。此外，活跃于中国沿海的

小贴士

懒妇鱼油

古人用油灯照明。俗传懒妇鱼油在娱乐场所灯亮，在工作场所灯暗，可能是一种无意识的心理作用。清代学者郑光祖在《一斑录》中解释说："盖纺织者必省吝，故暗；游戏者不知节，故明。"大意是，纺织的人一定很俭省，不舍得灯太亮；游戏的人不在意费油，喜欢灯火亮堂。

东亚江豚也日益减少，踪迹罕现。

江豚又叫江猪、海猪，三五成群在水中游泳，载沉载浮，像是在反复揖拜，人称“拜江猪”。华夏民族的历史文献曾经无数次记录过它们的身影。《神农本草经》说，江豚体大如猪，总是数只同行，“一浮一没，谓之拜风”。拜风，就是望风而拜。传说江豚能够预知风暴。元代理学家吴澄乘船横渡长

●**《神农本草经》**：又称《本草经》或《本经》，托名“神农”所作，实成书于汉代，是已知最早的中药学著作。《本经》原本早已散佚。现行本大多是从《证类本草》《本草纲目》等书所引用的《本经》内容而辑成的。

三才圖會卷之鳥獸六
江豚
江豚即江猪狀似㹠鼻中有聲腦上有孔噴水直上出入波浪中見則有風無鱗黑色多脂膏以其腦中有井故又名井魚人取豚子繫著水中母自來就而取之其子如鱧魚子數萬爲群隨母而行
七

▶江豚即江猪。画面题记说江豚脑上有孔，喷水直上，“以其脑中有井，故又名井鱼”。作者把江豚和海豚搞混了。江豚并非井鱼，脑门不会喷水，会喷水的是海豚和鲸鱼。

图片选自（明）《三才图会》

▲江豚油照明很不稳定，娱乐游戏时明亮，读书纺织时昏暗，好逸恶劳，民间称江豚为懒妇鱼。江豚油还具有“逆风而炽”的特点，清代学者魏源异想天开，提议出用江豚油火攻英国船。

江时，亲眼看到江豚拜风，记述说：江豚逆风而行，如果将有南风，它们的嘴朝向南方；如果是北风，它们的嘴朝向北方；江上的船家视之为大风预报。明人唐仲实的诗句说："飞花岸柳偏留客，吹浪江豚忽拜人。"看到江豚出没，意味着风暴将至，渡船停航，这是天要留客了。

江豚预报大风，结果给自己带来了麻烦，有些人相信正是江豚召唤来了风暴。清代作家褚人获指责瓜泾港的两条大江豚兴风作浪，让渔船翻覆，"渔人不敢网"。有些地区，人们把江豚当成一种"恶鱼"而捕杀。1684年，康熙皇帝第一次南巡，就射杀过江豚。他晚年回忆说，当年在江宁(今南京江宁区)登舟，顺长江而下，江风大作，"朕伫立船头，射江豚，略不经意"，似乎是一个了不起的壮举。

渤海也有江豚，民间亦称懒妇鱼。山东、河北的一些地方志说，江豚肉腥臭，不可食用，人们只能利用其脂肪提炼灯油。但是作为灯油，江豚油有一个奇怪的缺点，燃起的灯光很不稳定：如果油灯挂在歌舞、博弈（赌博）等娱乐场所，光明异常；如果油灯放在读书、纺织等场所，就变得非常暗淡。民间传说，江豚是懒妇所化，死后不改好逸恶劳的本性。著名学者王夫之也批评说，懒妇鱼油灯“只照博弈，不照机杼（zhù）”。

在古人看来，物类的性格能够深入骨髓，跨越生死。江豚的前世是懒妇，后身化为灯油，还是厌倦工作；江豚生前逆风逆浪而行，死后烧成灰，依然不忘反潮流。明代学者宋应星在《天工开物》中指出，江豚的骨灰有“逆风而炽”的特点，越是迎着风头，燃烧得越发热烈，与“迎风直上”的狼烟正好相映成趣。

鸦片战争后，不少人思考，如何对付英国侵略者的高大战舰。饱读诗书的魏源意识到，“逆风愈劲”的江豚油是逆风火攻的最佳武器。在著名的《海国图志》一书中，他提出了一个火攻英国船的方案：如遇连日大风，就在上风处放下燃烧的火船，撞向英国船。另外派人从下风处夹攻，用江豚油火箭筒逆风喷射，烧毁英国船的帆布和绳索。

书生魏源，纸上谈兵而已。众所周知，江豚油没能改变大清的国运。

《天工开物》：明代科学家宋应星的著作，全书18卷，对我国古代农业和手工业生产技术进行了系统的总结，被法国汉学家儒莲称为“技术百科全书”。

《海国图志》：近代思想家魏源所著，刊印于1843年，是鸦片战争后介绍西方国家的科学技术和历史地理最详实的专著，影响很大。海国，指海外之国。

【鳄鱼】

韩愈驱鳄,是对牛弹琴的笑话,但他文章作得好,理直气壮,成为文学史上的名篇。

韩愈的《驱鳄文》有用吗?

公元819年,韩愈贬官潮州刺史,到任后访贫问苦,没想到当地民愤最大的一件事是鳄鱼为害。大家控诉说:城西河潭里有条鳄鱼,长达数丈,把老百姓的家畜都快吃光了,民不聊生。

韩愈是河南人,这辈子没见过鳄鱼,唯一擅长的是写诗作文,怎么除鳄呢?他写了篇《驱鳄文》警告鳄鱼,大意为:我是刺史,受天子命来这

里守土治民，这里不是鳄鱼的地盘。现在我与你鳄鱼约定：三天之内，你率领同类迁到海里，回避朝廷命官。三天不走，那就五天，五天不走，那就七天，七天不走，那就意味着不肯走了。我将组织精兵强将，挟带强弓毒矢，专门讨伐鳄鱼，“必尽杀乃止”。

韩愈驱鳄，是对牛弹琴的笑话，但他文章作得好，理直气壮，成为文学史上的名篇。鳄鱼到底有没有离开？缺乏当时的记载。一百多年后，《旧唐书》绘声绘色地说：当天夜里，电闪雷鸣，鳄鱼向西迁移六十里，“自是潮无鳄鱼患”。就凭一篇文章，韩愈就把鳄鱼赶出了潮州。

▲画面中的动物金光闪闪，头部钝圆，一口细牙，像是萌态可掬的神兽，与长吻利齿、穷凶极恶的鳄鱼相差甚远。画家没有见过鳄鱼，把它想象成了某种蜥蜴或壁虎，三者都属于爬行动物，说来还不算太离谱。图片选自(清)聂璜《海错图》

鳄鱼是古老的水陆两栖爬行动物,全世界共有23种。我国仅存1种,即长江流域皖南地区的扬子鳄,一种最小型的鳄鱼,长不过两米,昼伏夜出,性格温顺,没有食人记录。如果韩愈驱赶的是扬子鳄,未免小题大做,装神弄鬼。实际上,古代也有不少人反对韩愈的做法。北宋高僧契嵩批评说,圣人发明文字,是为了增进人类之间的了解,写给鸟兽虫鱼,岂不是作践文字吗?1965年,郭沫若视察潮州,指出:"淡水所产鳄鱼,长江中有之,鳄鱼古谓之鼍,素无伤害人物之事,盖韩愈夸大之,以成神话耳。"

实际上,韩愈作《驱鳄文》之后,鳄鱼并没有离开潮州。据刘恂《岭表录异》记述，30多年后宰相李德裕也贬官潮州，他的书画古董掉落到鳄鱼滩，招船员下水去取，但见鳄鱼极多，不敢下水。公元999年，北宋陈尧佐任潮州通判，当地又发生了鳄鱼吞食一位16岁少年的事件，他怒不可遏，组织人力，捕获了一条大鳄鱼处死，还效仿韩愈，作了一篇《戮(lù)鳄鱼文》记载此事。

宋代学者沈括年轻时也去过潮州，见到鳄鱼，他在《梦溪笔谈》中的描述颇为详细，说鳄鱼的形状仿佛鼍(tuó，扬子鳄)，有个长嘴，与身体差不多长，尾部有三个锐利的尖钩。现代学者认为，这显然不是扬子鳄，很可能是淡水种马来鳄。在珠江三角洲，考古学家发掘了多具马来鳄遗骸，证明古代的华南地区，曾经是马来鳄的家园。

马来鳄体型较大，但生活于淡水中，很少主动袭击人类。根据记载，古代华南沿海可能还存在一种性情凶残的食人鳄——半咸水种湾鳄。夏琳《闽海纪要》说，公元1683年农历四月，有一头鳄鱼上岸，死于澎湖岛的民家厨房；1907年，据李准《巡海记》报告，他亲眼看见一头鳄鱼出没于海南岛附近海域。二者显然是海洋中的湾鳄。学者推测，唐代的气候比今天温暖，潮州城又位于韩江入海口，咸淡水交汇，很有可能当时的潮州

《岭表录异》：是唐代刘恂所著的一本地理笔记，记载了岭表(今两广地区)的热带物产、奇风异俗和少数民族社会生活。原书已佚，后人从《永乐大典》等辑出124条，分为三卷。

《梦溪笔谈》：北宋科学家沈括所著的笔记体著作，作者记录了自己的一生见闻和研究心得，其中三分之一以上的内容涉及天文、数学、物理、地理、医药和乐律等领域，是研究中国科技史的重要著作和珍贵资料。

▶南怀仁《坤舆图说》中提到的喇加多鱼就是鳄鱼，图画得也比较像。
图片选自清《古今图书集成》

同时存在马来鳄和湾鳄。

韩愈挥毫驱鳄，何等潇洒，后世于是出现了一大批《驱虎文》《逐蝗文》。1753年，北京周边地区出现了蝗灾，有位曹御史上奏朝廷，请求皇上颁发祭文驱赶蝗虫。别看乾隆皇帝喜欢附庸风雅、舞文弄墨，对这事却十分心虚，当即在批复中痛骂曹御史：蝗虫残害庄稼，应该尽人力扑灭，怎么能像韩愈一样，用文章感化虫鱼呢？“朕非有泰山北斗之文笔”，不干这种荒唐事。

乾隆皇帝还算聪明，不想与韩愈比文采。

小贴士

消失的古鳄

鳄鱼是热带、亚热带地区的爬行动物，我国仅存一种小型的扬子鳄。根据文献记载和考古发掘，古代华南地区曾经存在过马来鳄、湾鳄等大型鳄鱼。学者刘洪杰先生指出，亚洲大型鳄鱼现在分布于印度、孟加拉国、东南亚等热带地区，远离中国，是人类大规模捕杀后的结果。从气候条件看，华南南部至今仍然适合鳄鱼生存。

【鲎】

明代学者王世懋说:福建沿海各郡,以鲎壳代替水勺,每年省下了一千多斤铜。

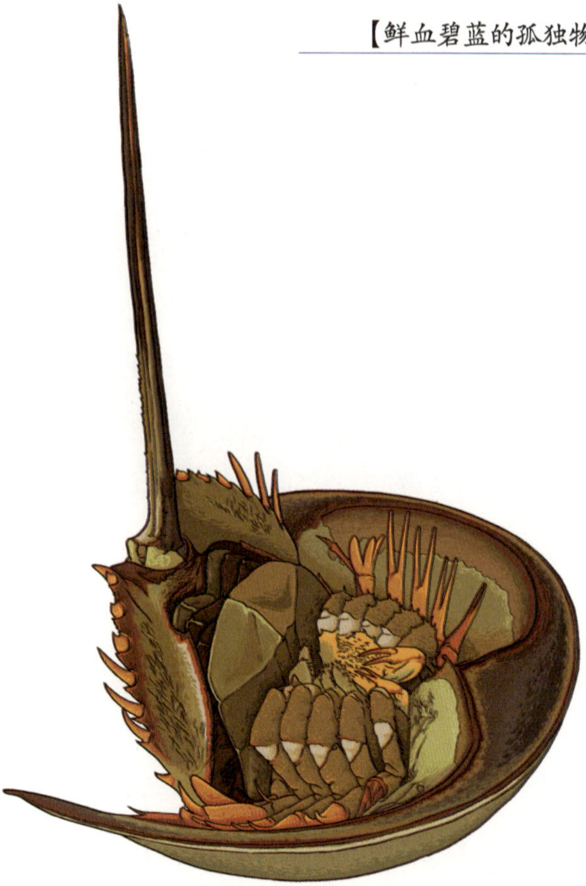

鲜血碧蓝的孤独物种

鲎(hòu)是孤独的物种,世界上仅存四种,其中两种——中华鲎和圆尾鲎,生活于中国长江口以南的海域。鲎的祖先可以上溯到4.85亿年前的奥陶纪,与盛极一时、如今空存化石的三叶虫同时——当时恐龙尚未崛起、海洋里甚至没有原始鱼类,所以被誉为“活化石”。在我们这些新生代看来,地球上的早期生命,蝎子、大蜥蜴、腔棘鱼、鲎等古生代孑遗(jié yí),都是些造型古拙奇特的家伙。

中国人很早就注意到了鲎。《山海经注》就说:鲎,形状如惠文冠(古代武士帽),青黑色,有十二只脚,仿佛蟹足,在腹部下方。也有人说,鲎的形状犹如马蹄,又称“马蹄蟹”。实际上,鲎与螃蟹毫无关系,从进化的角度看,倒是与蝎子、蜘蛛的亲缘关系更近。

鲎披着坚硬的背甲,身体可以分为三部分:宽而圆的头胸部、紧窄的腹部和一柄长尾剑,看上去更像一个倒扣的水瓢。鲎壳真的可以当水瓢,至少福建人是这样干的。明代学者王世懋在《闽部疏》中说:福建沿海各郡,以鲎壳代替水勺,每年省下了一千多斤铜。清代《厦门志》列出进出厦门海关的货物,就有“鲎壳”与“鲎杓”两项。从前厦门人家里都有鲎杓,很轻便,厦门话“鲎壳”指的就是水瓢。

晋代人郭义恭对鲎的观察相当准确。他说“鲎鱼……眼在背上,口在腹下。其血碧色。”又说,鲎虽然全身披甲,却怕小小的蚊子,被蚊子叮上一口就呜呼哀哉。鲎的最大特点,无疑是雄雌相依,成双结对。雌鲎的体型较大,总是背负着较小的雄鲎在沙滩上爬行,不弃不离,再大的风暴

▶鲎总是成双结对出现,雌鲎背负着雄鲎,生死相依,不离不弃。它们的爱情让人类动容。

●**《闽部疏》**:明代文学家王世懋撰写的一部地理笔记,约成书于1585年,记述福建各地的山川、名胜、风土、鸟兽、草木等。

●**杓**:通勺。

也不分开。这种相濡以沫、同甘共苦的爱情感天动地，常引来人们的赞叹。

但是清代学者刘献廷注意到，雌鲎的品德尚有欠缺，不配享受赞美。他在《广阳杂记》中指出：如果渔夫逮到雌鲎，雄鲎就会傻傻守在一边，束手就擒；如果渔夫先抓住了雄鲎，雌鲎会抛下配偶，逃之夭夭。我们不妨善意理解：或许雌鲎已经怀孕，独自逃走，是为了保护腹中的娃娃。

●《广阳杂记》：清初学者刘献廷所著的一部史料笔记，记载明清杂事、历代典制，旁及地理、水利、律历、财赋、音韵、医药等内容，颇有影响。

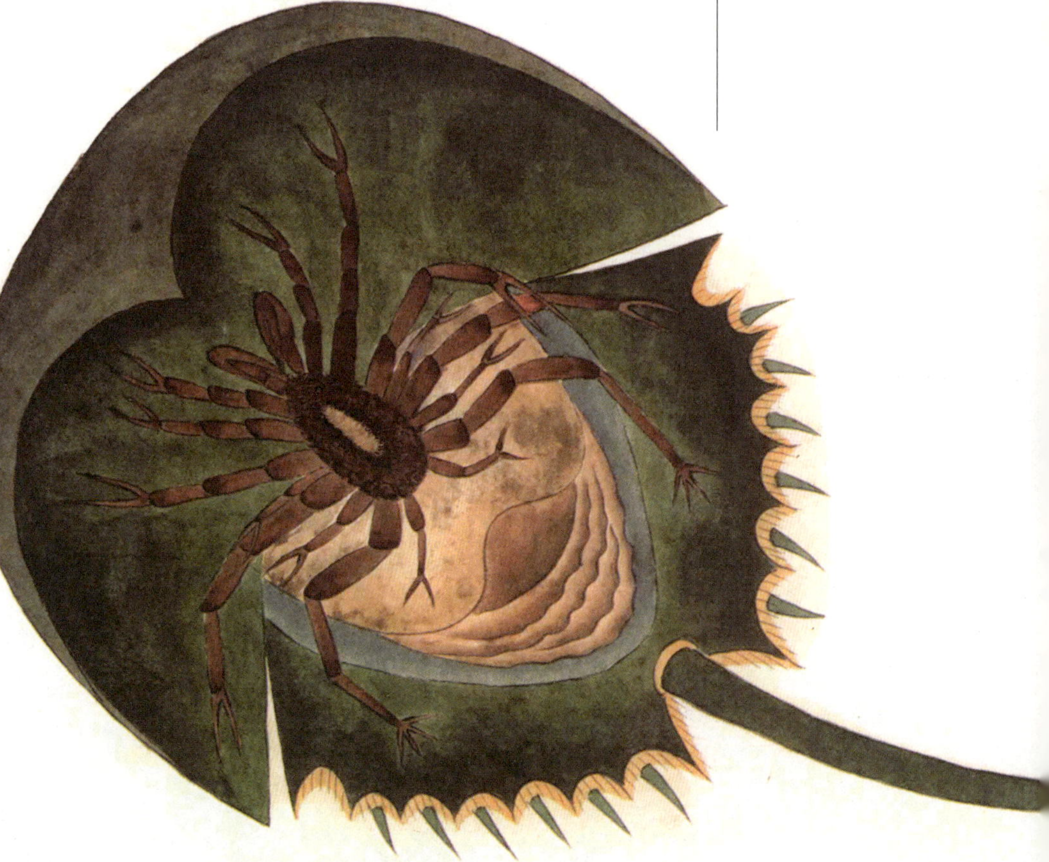

●刣：在闽南话中是杀的意思。

全身盔甲、武装到牙齿的鲎，就算成了俘虏，也让刽子手难以下手。清代诗人朱彝尊在《鲎诗》中抱怨说："南庖惊束手，非止北人嫌。"连南方的厨子都束手无策，更不用说北方人对其有多头疼了。杀鲎是难度很高的技术活。闽南谚语说："好好鲎，刣到屎漏。"意为好端端一只鲎，被外行杀得肚破肠流，臭不可闻。在《浪迹三谈》中，梁章钜笑话温州人不敢吃鲎，只吃鲎子（卵）酱，主要原因就是鲎很难烹制，"厨子多为之束手"。说实话，鲎肉腥涩，并不好吃，有些人吃了还会过敏或中毒，鲎子酱才是东南沿海公认的美食。明代《闽中海错疏》早就说："雌多子……东浙、闽、广人重之。"

鲎最让人惊奇的地方，是血色蔚蓝，煮熟后变成乳白色。古人无法理解这种现象，例如屈大均《广东新语》说，所有物种的血都是红色，是因为生于淡水；鲎生于咸水，所以颜色碧蓝，与海水相同。这理由说不通，因为多数咸水鱼也是红血。科学的解释是：脊椎动物的血液以铁为氧气载体，故红色；鲎血以铜为氧气的载体，故蓝色。利用独特的鲎血，科学家研制出了医用检验的"鲎试剂"。鲎变成了一种国家生物资源。

◀鲎壳看上去像一个水瓢。福建人就是这样干的，从前很多人家里都有"鲎杓"。
选自（清）聂璜《海错图》

厦金海域是中华鲎的重要产卵场。李禧《紫燕金鱼室笔记》记载，泉州厦门旧俗，端午节买些小鲎放在床铺间，让它们随意爬行，说是可以清除虱子。近年来，因为滥捕滥杀、鲎试剂生产和填海造陆等原因，鲎的数量越来越少，让我们感到十分遗憾。你想想，在沙滩上漫步，随时可能遇到一种历经数亿年沧桑、鲜血像大海一样蔚蓝的物种……这世界多么奇幻！

小贴士

保护中华鲎

中华鲎已列为国家二级保护动物，严禁捕杀、买卖和食用，但其生存依然面临严重危机。厦门大学的一位学者曾带领团队于2015年7月在平潭岛中华鲎保护区进行大型底栖动物调查，但没有发现一只鲎。很可能，中华鲎在平潭岛已经绝迹。

【虾姑】

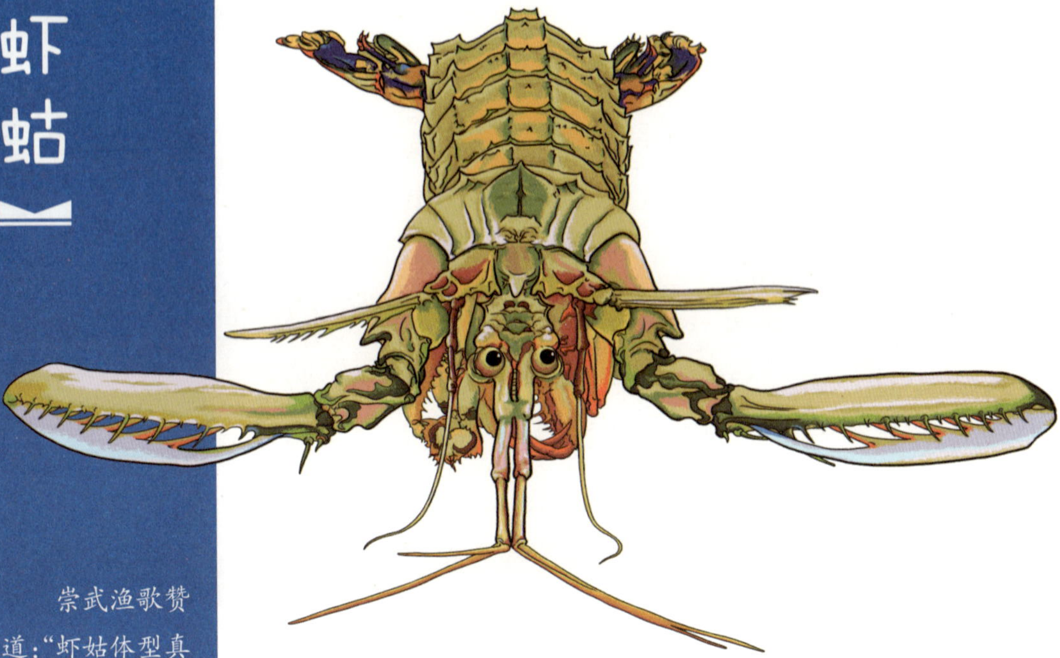

崇武渔歌赞道:“虾姑体型真不错,身穿盔甲瓦筒套。双手紧拿大关刀,尾巴倒戴状元帽。”

状元帽的恩仇

虾姑的学名叫虾蛄,但闽南人还是愿意叫它虾姑,虾的姑姑。它的身体比虾大,理应高一辈。

虾姑的外表怎么看都像一条大蜈蚣,初食者剥壳时手指容易被刺伤,最后发现肉薄、膏少,很不值得。厦门人道:“虾姑以前是喂猪的饲料,连猪都嫌;现在海里鱼少了,我们才与猪争食。”这倒是真的。闽南谚语说:“龙虾一尾,赢过虾姑一畚箕(běn jī)。”虾姑的最大用处,从前是用盐生腌几天,海边人家配地瓜稀饭。

古人的著作里很少谈到虾姑。唐代段成式的《酉阳杂俎》说:“虾姑,状若蜈蚣,管虾。”宋代《三山志》则说虾姑“能食虾”。总之虾姑不是虾,还是虾的克星。尽管二者都属于节肢动物门甲壳纲,但虾姑属于口足目,虾属于十足目,差异很大。至于虾姑是不是美食,古人的意见分为两派:一派全盘否定,例如清《台湾通志》说:“虾姑,肉薄,不中食。”另一派认为它是季节性美食,例如清《慈溪县志》说,春天小麦吐穗时的虾姑最肥,满腹膏脂,味道极佳,其他时候腹中空虚,只配扔去当猪饲料。

虾姑全身披挂银甲,头部第二对颚(è)足强壮锋利,腹部扁平而矫健,尾部敞开形成宽大的扇面,看上去仪表堂堂。崇武渔歌赞道:“虾姑体型真不错,身穿盔甲瓦筒套。双手紧拿大关刀,尾巴倒戴状元帽。”汕尾地区传说,南宋末年,宋端宗逃亡到海陆丰的甲子港,虾姑王帮助他击退元兵,端宗把皇冠随手赐给虾姑王,从此虾姑就像带了一顶皇冠,摇头晃脑,神气极了。珠三角地区的渔民还因此获得灵感,制作了自己的“虾姑帽”。

●《酉阳杂俎》:读音 yǒu yáng zá zǔ,唐代段成式创作的笔记小说集,在记叙志怪故事的同时,保存了大量唐朝的珍贵历史资料、遗闻逸事和民间风情。酉阳在今天的重庆市东南部,今为土家族苗族自治县。

●《三山志》:因成书于南宋淳熙年间(1174 — 1189),又称《淳熙三山志》,是福建现存最早的一部地方志。作者梁克家是福建晋江人,状元,曾入阁任右丞相。三山,为福州的别名。该志记载当时福州府所辖12县的自然、社会和人文风貌,文笔优雅,内容丰富。

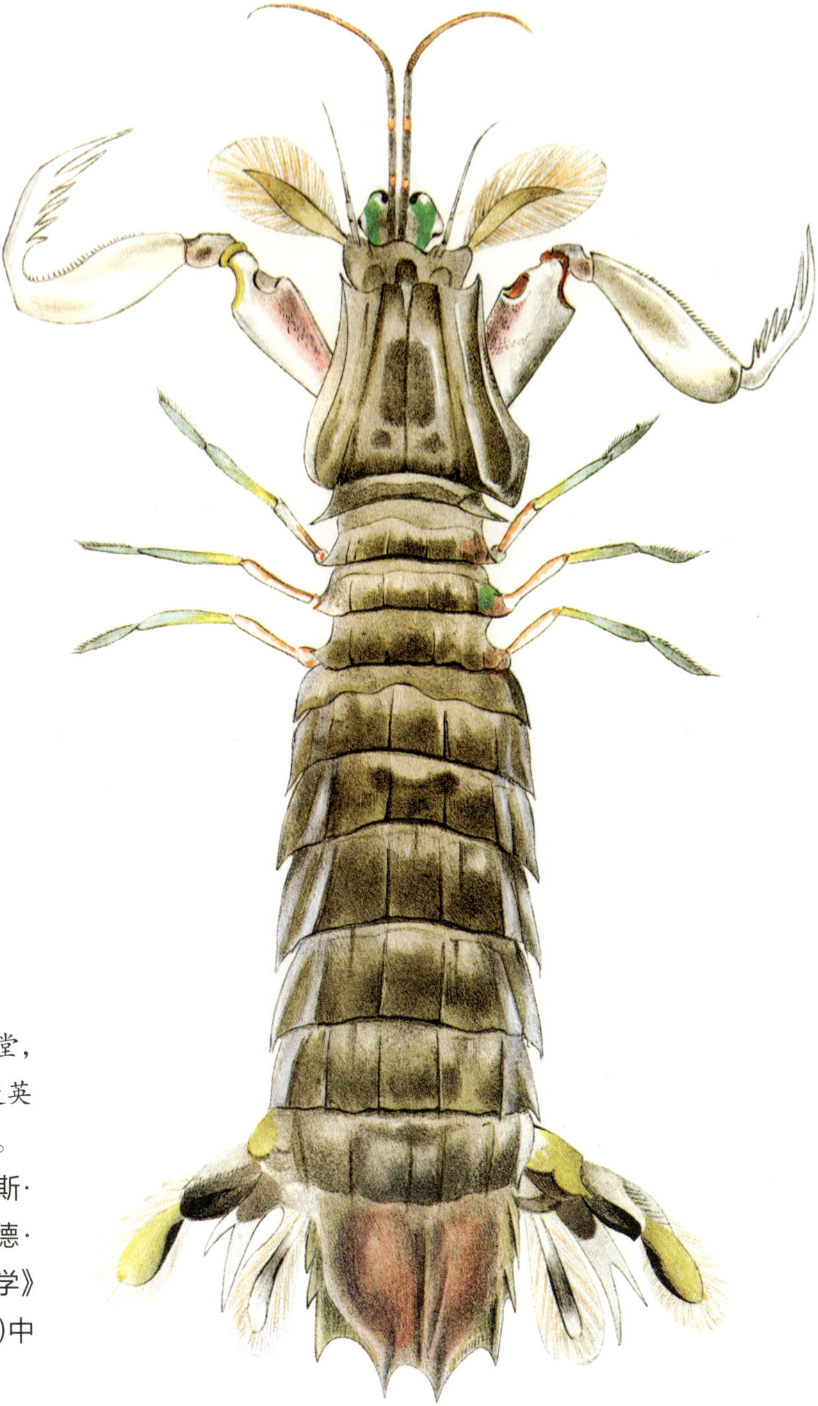

▶虾蛄仪表堂堂，披坚执锐，像是英姿飒爽的将军。图为(美)詹姆斯·埃尔斯沃思·德·凯《纽约动物学》(1842–1844)中的螳螂虾插图

1861年，客居温州的书画家赵之谦创作了一幅《异鱼图》，描绘当地十多种奇异海产，其中就包括琴虾（即虾姑），他在画面题记中透露了一个秘密：别看琴虾鳞甲遍体，却害怕柔弱的龙头鱼，经常被它一口吞噬（shì）。

虾姑吃虾，是因为装备精良，以大欺小；但龙头鱼吃虾姑，好生无理，二者个头差不多，虾姑全副武装，龙头鱼一身细皮嫩肉，柔若无骨，凭什么啊？但世界上的事，往往不可理喻。霞浦有个民间故事解释说：海龙王开科考试，龙头鱼得了文状元，虾姑得了武状元。龙宫授冠那天，龙头鱼生病了，委托好朋友虾姑去代领。虾姑头戴武状元帽，身披铁甲，再把文状元帽套在脚上，变成一个华丽的尾扇，威风凛凛，好不得意。它想，我要是文武双状元多神气啊！贪念一起，就带着文状元帽跑了。龙头鱼被好友欺骗，发誓要找到虾姑生吞活剥，所以虾姑在哪里都活灵活现，唯独见到龙头鱼心虚，束手就擒。

沿海到处都有虾姑。虽然正史罕载，但虾姑经常是民间谚语、歌谣和传说的主角。一首潮汕疍家渔歌唱道："天顶落雨水汪汪，破船破寮（liáo）共破帆；一日好比鸬鹚（lú cí）鸟，一夜就像虾姑弯。"疍民以船为家，连睡觉都难以直起身

寮：指小屋，小窗。

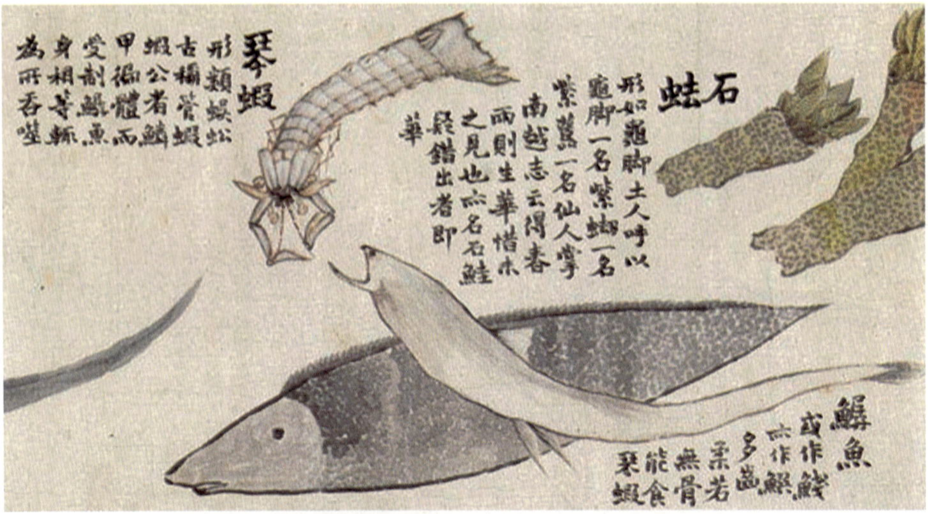

▲龙头鱼柔弱无骨，与全身披甲的虾姑一比，显然是弱势群体，偏偏成了虾姑的克星。

图为清代书画家赵之谦《异鱼图》局部，题记上写道：琴虾（即虾蛄）鳞甲遍体，而受制于鳎鱼（即龙头鱼），二者大小差不多，但琴虾总是被后者一口吞噬。

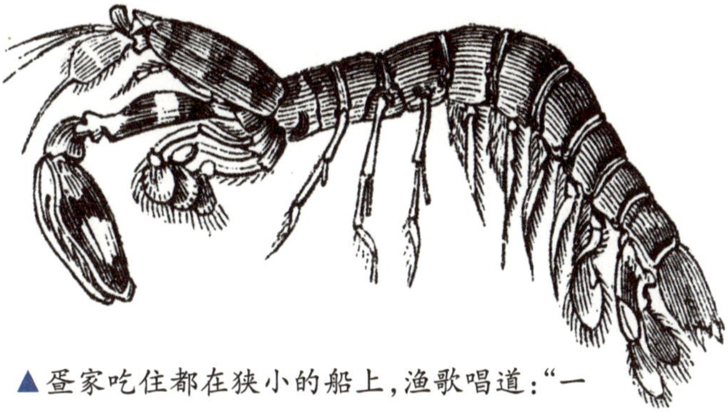

▲疍家吃住都在狭小的船上，渔歌唱道："一夜好比虾姑弯。"这个比喻非常感人。

图片选自（英）塞缪尔·蒙德《自然史宝藏》螳螂虾木刻插图，1848年

子。突然觉得,这个比喻十分感人。

一个时代有一个时代的美食。吃虾蛄,有膏吃膏,没膏吃肉,其汤尤其鲜甜,不要被历史迷惑。

小贴士

虾蛄的别名

虾蛄是常见的海洋生物,各地别名甚多。琴虾、弹虾、虾钩弹、虾球弹、虾步弹、濑尿虾、琵琶虾、螳螂虾、皮皮虾、爬虾、官帽虾、富贵虾、虾耙子、虾壳子、虾公驼子……人们信口开河,给了虾蛄无数个地方名,都很形象生动。

【螃蟹】

毕卓像一位先知，提前数百年，把螃蟹推到美食至尊的地位，可惜他吃错了地方，显得很没品位。

白八不敌黄大

霞浦三都澳的海面上，密密麻麻都是养殖大黄鱼的鱼排，散落着一些木屋。我曾受邀到那里用餐。当时朋友给我妻子发微信说："你家先生真厉害，刚刚一口吃了一只螃蟹。"她难以置信，回道："一口？一只螃蟹？"得到肯定回答后，又打电话问我。我说："是啊，喝了点酒打赌，惊魂未定，这辈子第一次，一口一只螃蟹……"

我没有告诉她，我吃的是豆蟹。这是一种与贝类共栖的微型软壳螃蟹，比拇指略大，有点像蜘蛛，半透明，没有坚甲锐螯。但我恐怕没勇气吃下第二只。

螃蟹是面目狰狞的生物，与人类毫无相同之处，连大儒荀子都犯糊涂。他的名篇《劝学》说："蟹六跪而二螯(áo)，非蛇鳝之穴无可寄托者，用心躁也。"一句话就错了两处：一是数错了蟹足，螃蟹并非六跪(足)，它是软甲纲十足目动物，共有五对十足，其中第一对足变成了捕食用的大螯，最后一对足变成了游泳的桨；二是让螃蟹蒙冤千古，其实，螃蟹的洞是亲自挖出来的，并非强占蛇鳝的家园。

螃蟹是什么？北宋傅肱(gōng)在《蟹谱》的开篇说："蟹，

▼在千古名篇《劝学》中，大儒荀子数错了蟹足，说什么"蟹六跪而二螯"，其实螃蟹是十足目动物。
图片选自(清)《古今图书集成》

水虫也，其字从虫。”因为骨在肉外，所以称介虫；又因为横着走路，所以称螃蟹。那么，蟹的声旁为什么是“解”呢？按罗愿《尔雅翼》的说法，这是因为螃蟹“随潮而解（xiè）甲”的缘故。解甲，就是蜕壳。螃蟹的身体不断长大，但被刚性的外壳约束了，所以它一年要蜕壳十几次。解甲是螃蟹的成长方式。

古人的螃蟹世界光怪陆离。《山海经》记载了宽广千里的大蟹；《广州志》谈到一种飞蟹，小如钱币，以螯为翅，常飞跃海面。还有更多微不足道的小蟹，像《古今注》所说的蟛蚏（péng yuè）一样，爬行于滩涂上“食土”。北宋大臣陶谷出使吴越国，对螃蟹很好奇，《圣宋拾遗》记载说，吴越王钱俶命人端出蝤蛑（yóu móu，青蟹）、蟛蚏等十几种蟹类，越来越袖珍。陶谷笑道：“真所谓一蟹不如一蟹也。”

螃蟹很早就成为中国人的食材。《周礼》提到了山东青州的蟹胥（xū，蟹酱），但唐代以前，吃螃蟹还是“勇敢者的游戏”。汉唐时期的医学家多认为螃蟹有毒，最好少吃。五代刘词就告诫人们：“鱼无气，蟹无腹，禀（bǐng）气不足，不可多食。”唐代江浙地区最流行吃蛤蟆（há ma），谁家吃大闸蟹，一定会受到邻居的鄙视。

小贴士

吴越食蟹风气

江南地区是中国蟹文化的大本营，首重苏州大闸蟹。有意思的是，一千年前，当地人还瞧不起螃蟹。江浙属于吴越故地，越人自古以蛤蟆为美食，不大吃蟹。直到北宋时期，彭乘《墨客挥犀》还记载说，浙人好食蛙；同时代的傅肱《蟹谱》则说：“初，杭俗虾蟆而鄙食蟹。”可见宋初杭州的时尚是吃虾蟆，鄙视吃蟹。

从这个角度看，南北朝时期的毕卓是位奇人。《世说新语》记载了他的名言："左手持蟹螯，右手执酒杯，拍浮酒池中，便足了一生。"有螃蟹、有酒，他认为这样的人生十分圆满。毕卓像一位先知，提前数百年，把螃蟹推到美食至尊的地位。

但毕卓喜欢蟹螯，却是个致命错误，在后人眼中很没品位。在古代文献中，唐以前食蟹的重点都是蟹螯，并非蟹黄。古书记载汉武帝时善苑国进贡的百足蟹，长九尺，有百足四螯，煮食之后，大家盛赞螯膏胜于"凤喙(huì)之膏"，没有提到蟹黄。《清稗类钞》也注意到这一点，疑惑地说：古人吃蟹，都说持螯，难道他们认为蟹螯最好吗？今人吃蟹，最重壳中的蟹黄，认为蟹黄之味胜于八足。可见，毕卓发现了螃蟹之美，却欣赏错了地方。

真正开创现代蟹美食之风的，当属五代的刘承勋。《清异录》记载说，刘承勋嗜蟹，但只取圆壳，亲友告诉他古人最重二螯，他霸气地回答："十万白八，敌一个黄大不得。"白八，指螃蟹的白色八足；黄大，指大块蟹黄。宋代以后，螃蟹的地位扶摇直上，绝大多数美食家接受了刘承勋的观点，品蟹的重点从双螯转移到蟹黄。

除了时代差异，吃蟹还有地区差异。江浙偏

《清稗类钞》：是民国时期徐珂创作的清代掌故遗闻的汇编，分时令、地理、外交、风俗、工艺、文学等，并参考报章记载而成。徐珂每日随身备一个小本子，有闻必录，十来天整理一次笔记，是一位极为勤奋的人。

►梭子蟹的头胸甲两边尖出，像一把梭子，闽人称之为“蠘”。
图片选自（清）聂璜《海错图》“福州膏蠘”

◄青蟹的头胸甲卵圆形，背面有“H”形图案，古称蝤蛑。闽人称之为“蟳”。
图片选自（清）聂璜《海错图》“蝤蛑”

爱湖蟹与河蟹，闽地唯重海蟹。常见的闽蟹有两种：一是“蟳(xún)”，壳圆色青，即青蟹，古名蝤蛑；二是“蠘(jié)”，壳两边尖出，即梭子蟹。闽南人觉得吃红蟳(有膏的青蟹)最痛快，大气磅礴，没耐心细细挑剔大闸蟹。

【乌贼】

乌贼一点儿也不像杀人越货的盗贼，你看它身怀墨汁、背藏白板，分明是勤奋好学的书生，有闻必录的文员，兢兢业业，循规蹈矩。

怀墨而知礼的“雅贼”

乌贼俗称墨鱼，是一种奇怪的海洋生物，古人为此提出了各种假说，莫衷一是。

有人认为，乌贼就是《山海经》里的“何罗鱼”，传说何罗鱼生活在黄河的支流里，“一首而十身”。天下哪里有这样的怪鱼呢？你还别说，明代大诗人杨慎(shèn)就认为自己找到了，说：“何罗鱼，今名八带鱼。”八带鱼即章鱼，属于头足类动物，以足为头，也称触腕（wàn），既多又发达。把触腕当成鱼身，有点像硬拗，此外他还犯了一个低级的算术错误，章鱼属于八腕目，只有八只触腕。但这是小事，章鱼的堂兄弟乌贼和鱿鱼，属于十腕类头足动物，正好有十条触腕。假如章鱼或乌贼是何罗鱼，最大的麻烦是，它们如何在黄河的淡水里活下来？

南朝作家沈怀远曾经流放广州，写过一本《南越志》。他描述说，乌贼经常仰面浮在水面装死，引诱乌鸦来啄，到时它突然反卷，把乌鸦拖下水。因为是谋害乌鸦的凶手，所以被人称为“乌贼”。一千多年后，福州学者郭柏苍在《海错百一录》中为乌贼平反：“乌贼口小，不能食也。”

好端端的墨鱼，为什么被人诬为“贼”？唐人段成式在《酉阳杂俎》中提出了另一种解释。他说墨鱼囊中的墨汁可以写字，但不久后字迹

●《南越志》：南朝沈怀远撰，主要记录岭南地区的历史沿革、山川名胜、风俗习惯和珍稀物产，尤以动植物为最。原书已佚，后人从其他书中辑录了部分内容。

◀乌贼常仰面浮在水面装死，引诱乌鸦来啄，把乌鸦拖下水，因此得名“乌贼”。
图片选自（清）《古今图书集成》

就会消褪，有些江东（今江浙地区）骗子就用墨鱼汁与人签写契约，一年后字迹消失，只剩下一张空纸，让对方求告无门。墨鱼既然是骗子的帮凶，称“贼”也不冤枉，后人因此将不牢靠的契约都称为“乌贼契”。这种观点，近年来也有人翻案。张青田先生著文说，他曾用墨鱼汁做过试验，“十几年后字迹仍然亮黑，可见这个说法是误会了乌贼”。

南朝著名医药学家陶弘景坚信，乌贼是乌鸦所化，他说二者的口部和腹部，都长得十分相似。宋代学者罗愿也赞同这观点，认为“九月寒乌入水，化为此鱼”。总之，既然都姓了“乌”，乌贼与乌鸦就死活脱不了干系，不是你死我活的天敌，就是前后轮回的宿主。但是这种观点，也受到郭柏苍的有力反驳：“乌贼有卵，非乌化也。”——乌贼是卵生的。

两条长触腕，一个椭圆形身体，乌贼的形象宛如古代的算袋（旧时文人放笔砚等的袋子）。唐代医药学家陈藏器《本草拾遗》记载说：沿海渔民传说，从前秦王东游，把算袋扔到了海里，化为墨鱼，墨汁还留在腹中呢。清周亮工《闽小记》记录的民间故事略有不同，说有个官员醉酒落入海中，身上背着的招文袋化为乌贼，招文袋里的墨汁，成了乌贼的独门暗器。

周亮工《闽小记》：周亮工是明清之际的著名文人、学者。他在福建生活了12年，在《闽小记》中对福建各地的风土民情、物产习俗、人文景观都做了详细记述。

▲唐人说有些骗子用墨鱼汁书写契约，数月后字迹消退，惟剩一纸空文。后人因此把不牢靠的契约都称为“乌贼契”。有学者做过试验，说墨鱼汁写字十几年不褪色，为蒙冤千年的乌贼平反昭雪。

生物学家认为，墨鱼是软体动物，其前身属于贝类。通常，软体动物都有一个柔软的身体和坚硬的外壳，例如蜗牛、田螺和蛤蜊，在演化过程中，乌贼另辟蹊径，把外壳藏到了体内。墨鱼骨非常漂亮，是洁白、轻虚的一块梭子形背板，能漂浮于水面，在中药里称“海螵蛸（piāo shāo）”。从随身装备看，乌贼一点儿也不像杀人越货的盗贼，你看它身怀墨汁、背藏白板，分明是勤奋好学的书生，有闻必录的文员，兢兢业业，循规蹈矩。所以《南越志》里，又表扬乌贼“怀墨而知礼”，品学兼优。

乌贼以墨汁为防身武器，遇到强敌，就从身前的水管喷出，把海水染黑，它自己则借助这股射力，飞速后退遁（dùn）逃。这是乌贼的生存智慧。对于渔民来说，这股染黑的海水反而暴露了乌贼的行踪，正好瞄准下网。这正是古人说的“智者多屈、勇者多死”啊。谁知道人类的智慧，在更高等级的生命（比如外星人）看来，是不是同样弄巧成拙呢？

小贴士

乌贼靠岩

乌贼有十条触腕，其中两条长而灵活，末端有吸盘用于捕食或吸附物体。乌贼的吸盘非常强劲，每年春夏之交，它们来到浙南海岸繁殖时，就用触腕把自己牢牢吸附在岩礁上，洞头渔谚说“南风淡淡，乌贼靠岩”。因为抵死不肯放手，遇上大风浪，满海滩都是身首异处的乌贼，十分惨烈。

【水母】

让我们困惑的是，眼盲耳聋、混沌糊涂也是一种智慧吗？水母活过了6.5亿年，来自于恐龙兴起之前的世界，堪称史上最成功的物种之一。

水母的导盲虾

水母大约是海洋中最优美的生物了。它有一个充满海水的透明圆盘，圆盘下飘拂着许多长长的口腕，仿佛一朵降落伞在海水中载沉载浮，闪闪发光。生物学家说，水母是浮游生物，在生物分类学上属于腔肠动物门，原始而又低等，无头无脑，没心没肺。

中国人早就注意到水母的踪迹。东汉有本叫

《越绝书》的著作说："水母目虾。"目虾，就是以虾为目的意思。古人认为水母没有眼睛，要依赖寄生虾导盲遨游大海。西晋学者张华，是他那个时代最博学的人，在《博物志》一书中描写水母：东海有一种东西，如同凝固的血块，圆形，大数尺，名叫水母。它无头无目，但是有一群虾紧紧跟随，带领它东南西北漂浮。因为需要依靠虾导盲，古人又称水母为"虾助"。

▼水母在海面漂浮，像是大海的一团团华丽泡沫。选自(清)《古今图书集成》

虾与水母的共生关系，也体现在名字上面。闽人多称水母为"蛇"(zhà)，看字形，"蛇"为虫之宅，说的就是虾以水母为家。在大海里，虾行动敏捷，但因为体型太小，到处受到霸凌。水母天生残疾，但体型庞大，身怀毒器。二者取长补短，相依为命，行走于险恶的大海，正是一对绝佳的组合。虾到底怎么为水母导盲呢？《南越志》描写说：水母没有耳目，不知道危

▲德国动物学家恩斯特·海克尔还是一位优秀的插图画家，他描绘的水母就像外星生物，具有一种数学般的奇异美。
选自（德）恩斯特·海克尔《自然的艺术形态》（1904年）

险，但是“虾见人则惊”，慌张逃窜，水母察觉到虾的动静，知道大敌当前，赶紧下沉到水底躲避。

水母体无定型，居无定所，五官不全，是一种与陆生动物完全不同的种类，来历让人费解。明代学者屠本畯的《闽中海错疏》断定说，水母是“海中浮沤（ōu）所结”，意思是海上的泡沫变化而来的。清代医药学家赵学敏在温州住了数年，当地商人告诉他，水母“确系海水所结”。那么，海水怎么能凭空生出水母呢？因为老天下雨。

古代中国人相信，阴阳相感，于是万物自然生发。海水是咸的，属阴；雨水是淡的，属阳，二者相入而感，从而创造崭新的生命。在《本草纲目拾遗》中，赵学敏描述了水母的诞生过程：东南海域的海水很咸，春夏时分，每一滴雨水落到海面，就会形成一个小小的泡沫，起初大如豆子，受到太阳烘染后，逐渐长大，变成像斗笠一般大小的物体，上头下脚，随着潮水漂流——这就是水母了。

实际上，水母在冬季繁殖，每当春暖花开，成群结队的小水母晃晃荡荡，涌向岸边的河口港湾觅食，夏季生长最快。但古人相信，水母是降落在海面的雨水所化。《闽县乡土志》记录了一句福州民谚说：“四月八，一滴雨，一枚蛇。”大意是，农历四月初八前后，天上掉一滴雨，海里多一枚水母。温州人也有“四月初八满江红”的说法，形容这时水母旺发。

假如，水母体内蓄积的是满腔雨水，一泡泡在海洋中漂荡，多好！远航的旅客就不必担心没有饮用水了。

世界上大大小小的水母有1000多种，主要生活在靠近海岸的浅海中，可以简单地分为钵水母纲（大水母）和水螅水母纲（小水母）两大类。我们常说的海蜇，就是一种可供食用的钵（bō）水母。这种水母的身体绝大部分是水分，榨干后，就变成了半透明的薄片，其圆弧形的伞部叫海蜇皮，口腕部叫海蜇头。水母的口腕有毒素，并且非常容易腐败变质，转眼间就化成一摊水，消失得无影无踪——难怪古人认为它是海水变成的。

凉拌海蜇晶莹透明，是一道适合佐酒的经典

▶ 水母的来历成谜。古人相信，水母是雨水降落在海面上变成的。福州民谚说：“四月八，一滴雨，一枚蛇。”

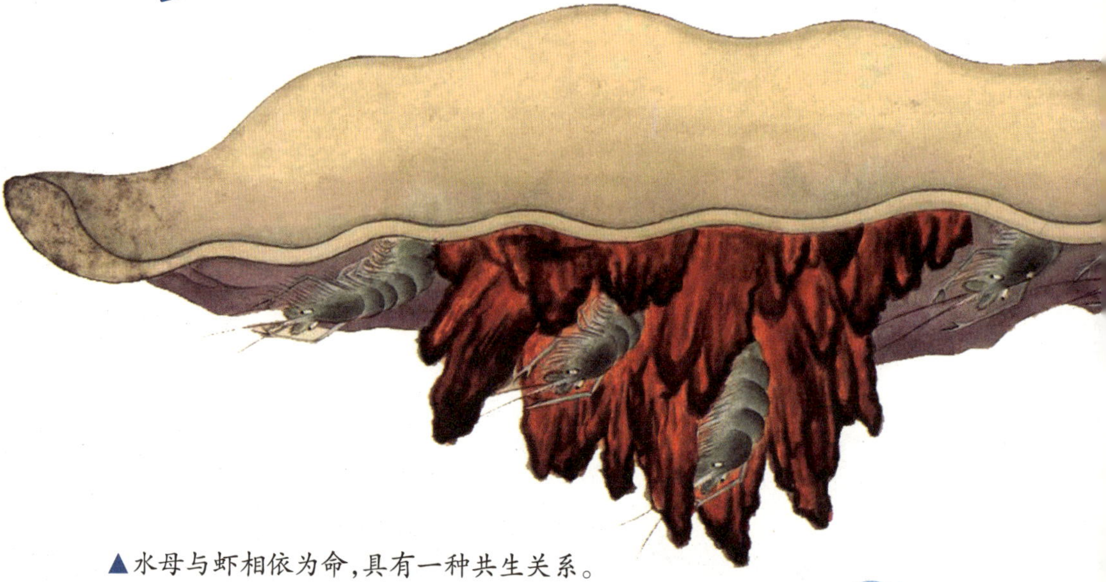

▲水母与虾相依为命，具有一种共生关系。
选自(清)聂璜《海错图》“水母目虾”

名菜，最让人怀念的风味就是那个脆劲，嚼之有声。清人沈石田的《食海蜇》说：“酒边尝此味，牙颊响秋风。”酒酣耳热之际，那声声脆响，像是大海华丽的泡沫在我们的齿牙间一个个破灭。

小贴士

大型水母

钵水母是大型水母，全世界共记载有200多种，中国海域已发现35种。很多钵水母有毒，个别种类的毒性甚至致命，千万不要轻易接近。由于气候变暖等原因，我国东海、黄海经常发生大型水母暴发的现象，成为一种海洋灾害。

【螺】

螺创造了自己的线条，我们命名为螺旋、螺纹，以示敬意。自然界很少这样的线条。

旋转出来的单身公寓

夏夜许多人在海边大排档喝酒，喜欢炒一盘又咸又辣的锥螺，慢慢吮吸。锥螺修长尖锐，身上缠满数学般精密的螺纹，仿佛出自工厂。螺肉藏身很紧，螺壳曲折而幽深，但螺尾都被厨师剪去了，吃起来十分方便：除去厣(yǎn)片，先从尾端轻吮一下，让螺肉堵住尾部开口；再调转到螺口，用力一吸，螺肉连汤汁全都吸进了口中。

● **厣**[yǎn]：指螺类介壳口圆片状的盖子。

吃锥螺的乐趣有点像嗑瓜子，重点在于动作、声音和滋味的协调，螺肉既不能果腹，也没什么嚼头，倒不要紧。

锥螺体型尖细，很像钉螺，事实上很多地区的确也称为钉螺。但真正的钉螺是淡水螺，生活于内陆湖沼地区，常成为血吸虫宿主，不宜食用。锥螺又称棒锥螺、九层螺，属于海水螺，没有血吸虫，尽可放心食用。天有不测风云。近年来海水中的织纹螺（**厦门人称甲锥螺、浙江人称钉头螺**）被列为有毒螺类，亦殃及锥螺。毕竟多数人不是专家，弄不清各种螺类的区别。

江浙地区的海蛳螺，就是钉头螺、织纹螺，比锥螺更小。专家称，织纹螺的毒性是外源性的，来自海洋污染造成的有毒藻类，也就是说，古代的海蛳螺应该没有毒性。《姑苏志》称："海蛳，出海中，土人熟而市之。"古籍里常出现挑着海蛳担叫卖的小贩，用个酒盅量了，一杯杯零卖。这些海蛳用盐酒椒姜炒熟，但没剪去螺尾，吃的时候，要用一枚铜钱的钱眼套住螺尾，临时拗（ǎo）断。《济颠道济禅师语录》说，有天济公和尚见到挑海蛳担的，顺口作了一首打油诗："此物生在东海西，又无鳞甲又无衣；虽然不入红罗帐，常与佳人做嘴儿。"可见消闲吃海蛳螺，是江

姑苏：历史上，姑苏即苏州。唐朝诗人张继《枫桥夜泊》有"姑苏城外寒山寺，夜半钟声到客船"句，使得"姑苏"的名字家喻户晓，人人皆知。

济颠：即是大名鼎鼎的济公，南宋的高僧，法号道济。

▲螺建造的房屋十分完美，让寄居蟹眼红，千方百计“谋屋害命”。不明底细的人看到小蟹出入螺壳，误以为螺化成了蟹。图片选自(清)聂璜《海错图》“海螺化蟹”

南女子的一大乐趣。

在福建惠安的净峰镇有一种小杂螺，当地人腌在罐子里，有好几个品种，但都小如饭粒。螺尾难剪，所以只用钳子剪去半个螺口，露出一点儿螺肉，吃的时候用牙签挑。腌杂螺极咸，取出十几粒放在碟子上，清雅可人，可以配一碗稀饭。

螺类属于腹足纲，是一个庞大的族群，超过4万个品种。螺是最古老的建筑师，从五六亿年前开始，就为自己打造单身公寓，越来越完善。

螺类建造房屋，既不像螃蟹，为身体的各部分装备盔甲；也不像蚶蛤（hān gé），用上下两片外壳简单地把自己合紧；它只用一片外壳，通过旋转的方式，为自己创造出一个弯曲深邃的洞穴。螺壳通常是锥形的，尖细的一端密封，螺身天衣无缝，开口端用一片活动的厣闭合。觅食、交配或行走的时候，螺探出身体，背负一座房屋移动，仿佛游牧民；一旦遇险，螺缩回壳内，关闭厣片，让房屋变成一座堡垒。

▼螺是一个庞大的家族，超过4万种。图片选自（清）《古今图书集成》

螺建造的房屋十分完美，让寄居蟹眼红。寄居蟹身体柔软，缺乏安全感，最希望获得一个螺壳，所以千方百计“谋屋害命”。大海里，不少螺壳的主人都换成了寄居蟹。

螺创造了自己的线条，我们将其命名为螺旋、螺纹，以示敬意。自然界很少这样的线条。

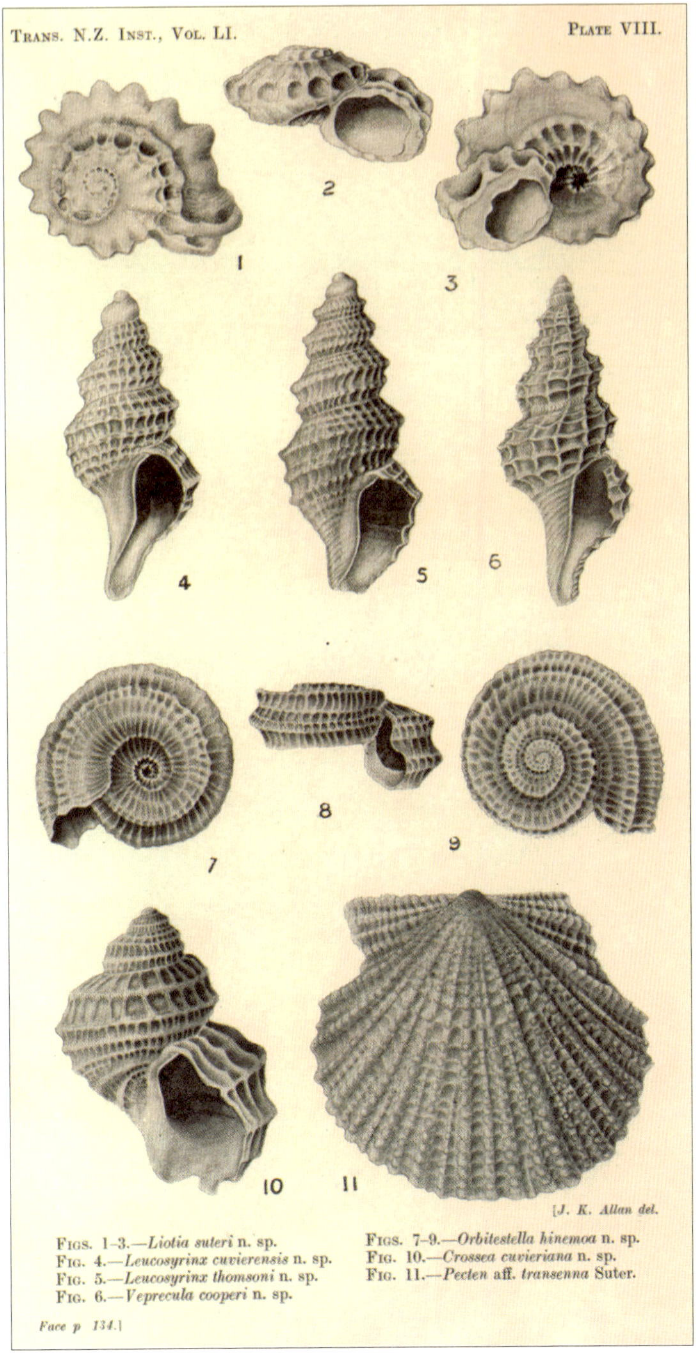

FIGS. 1–3.—*Liotia suteri* n. sp.
FIG. 4.—*Leucosyrinx cuvierensis* n. sp.
FIG. 5.—*Leucosyrinx thomsoni* n. sp.
FIG. 6.—*Veprecula cooperi* n. sp.
FIGS. 7–9.—*Orbitestella hinemoa* n. sp.
FIG. 10.—*Crossea cuvieriana* n. sp.
FIG. 11.—*Pecten* aff. *transenna* Suter.

Face p 134.]

▶螺是软体动物腹足类的通称，它们以腹为足，有个螺旋形的外壳。螺旋非常优美，宛如音乐旋律。

图为（澳）艾伦·乔伊斯绘制的新西兰软体动物，1918年

从螺尖的一点开始旋转，向外展开，向下降落，最后变成一个立体的螺。螺身上的纹路，仿佛大风刮过，记录了螺旋的速度、方向和力量。犹如陀螺，螺以自己为原点，在高速的螺旋中站立，平衡，创造出自身，像一座塔那样笔直。它为什么旋转？有一条我们看不见的鞭子抽打它吗？

小贴士

右旋白螺

试着将一枚螺竖立起来，螺尖向上，螺口朝向自己，你会发现螺口位于右侧，属于右旋螺；全世界只有5%的螺类属于左旋螺。在佛教里，珍稀的右旋白螺（注：佛教中的右旋螺，即贝类学中的左旋螺）是八瑞物之一，法力无穷。

【花蛤】

北宋以前，是蛤蜊(gé lí)的黄金时代，王公贵族，甚至帝王将相，都以吃到蛤蜊为荣。

二十八枚蛤蜊

它们沉浸在水中，如同晶莹剔透的鹅卵石，布满斑驳的同心纹，门扉微启——弧形的侧缘裂开一道窄缝，雪白而柔软的水管探出体外，像是纤细敏感的长舌，冷不防喷出一股细细的水流。若捡起一枚，它会在人的指间闭合，最后严实合缝，宛如一枚真正的石子。

在超市水产区买花蛤。一枚，两枚……二十八枚，不足半斤，但足够煮一碗面条了。花蛤味道鲜美，煮汤下面特别甜。蛤蜊还与宋仁宗有过一段故事。

北宋诗人陈师道记载：有一年初秋，宋仁宗准备私宴大臣，去厨房转悠，正好见到有人进献蛤蜊，便打听价格。官吏回答说："每枚千钱，共二十八枚。"这位节俭的皇帝一听吓坏了，说：我经常告诫你们不要奢侈(shē chǐ)，现在动一下筷子就要花费二十八千钱，"吾不堪也"。皇帝坦承自己吃不起，居然取消了这道菜。

▼蛤蜊生长于潮间带的滩涂上，传说"一潮生一轮"。图片选自（清）《古今图书集成》

在现代无脊椎动物分类学中，软体动物门、双壳纲、帘蛤目、蛤蜊科生物，全世界已发现35属199种。我们在超市常见的花蛤，学名叫菲律宾蛤仔，最为廉价。花蛤是我国人工养殖的四大贝类之一。

蛤蜊生长于海滨滩涂，石器时代的古人类就开始食用了，遗留下不少贝丘。但华夏文明起源于内陆，不熟悉这种海洋

▶《礼记》说"雀入大水为蛤"，花蛤身上的褐斑，与雀纹还有几分相似。
图片选自(清)聂璜《海错图》"瓦雀变花蛤"

●**贝丘**：古代人类居住遗址的一种，以大量古代人类食剩抛弃的贝壳为主要特征。

●**《礼记》**：儒家经典之一，是孔子的学生及战国时期儒家学者解说《礼经》和"礼学"的文集。

生物，所以尽情展开想象。隆冬时节，为什么很少看到黄雀？《礼记》说："雀入大水为蛤。"原来它们都赶去投海，变成了一枚枚蛤蜊，你看花蛤身上的褐斑，还保留了几分雀纹的模样。按《述异记》的说法，黄雀变为蛤蜊后，春天又会变回黄雀，然后，"雀五百年化为蜃(shèn)"。蜃就是文蛤，能吐气幻化出海市蜃楼。在古人看来，蛤蜊与黄雀，一年四季，它们的生命互相

古人相信化生。隆冬时节，黄雀入海变为蛤蜊；春暖花开，蛤蜊再变回黄雀。雷雨天气，蛤蜊还能以双壳为翅，御风飞行。它们的生命在各种形态中自由转换，遨游于天地。

转化，时而翱翔于天空，时而漫游于海底。多浪漫啊。

古籍中充斥着蛤蜊的神奇传说。《淮南子》记载卢敖（áo）游历北海，在蒙谷山上见到一位仙风道骨的隐士，蹲在龟壳上吃蛤蜊，有人因此相信蛤蜊是一种灵丹妙药。古书上引述渔民的观察，说花蛤和文蛤，“皆一潮生一晕”，它们壳上的同心纹，仿佛树木的年轮，原来是一种记录潮汐的“潮轮”。《酉阳杂俎》甚至说：蛤蜊能够观察风雨，“以壳为翅而飞”。但因为缺乏训练，蛤蜊的空中旅行不大顺利，常发生飞行事故。也有古书记录了广州雨蛤的怪事，说是每逢大雷雨，“大蛤从空而下，名天蛤”。

古代缺乏保鲜技术，再平常的海鲜，运到内地长安、洛阳、开封，都变得无比珍贵。北宋以前，是蛤蜊的黄金时代，王公贵族，甚至帝王将相，都以吃到蛤蜊为荣。梁元帝萧绎得蛤蜊，写道：“车螯（áo）味高食部，名陈物志。蛤蜊声重前论，见珍若士。”盛赞车螯（文蛤）和蛤蜊在美食中出类拔萃，像名士一样珍贵。隋炀帝也是不可救药的蛤迷，每餐必备蛤蜊，据说吃下了成千上万枚。南宋迁都临安（杭州）以后，海鲜荟萃，蛤蜊身价大跌，沦为一种平民食品。吴自

小贴士

长寿的蛤

俗话说“千年王八万年龟”，但乌龟长寿只是传说，很可能它们活不过蛤蜊。据媒体报道，一只名叫“明”的北极圆蛤活了507年，是已知经过精确测定过的世界最长寿动物。这只北极圆蛤是2006年从北大西洋海底打捞上来的，随后死于冷冻运输途中。根据壳上的生长纹，英国科学家测定它出生于1499年，相当于明朝弘治十二年，故命名为“明”。

牧《梦粱录》记录临安的酒肆，就轻蔑地说，“蛤蜊肉之属，乃小辈去处”。元明清定都北京，离海不远，达官贵人甚至都不好意思承认吃蛤蜊。

食蛤是一种境界。《南史》说，齐朝文学家王融少年得志，十分自负，有天去拜访大臣王僧祐，遇到了另一位狂士沈昭略。沈昭略向主人打听这是谁家的少年。王融傲慢地说：我就像太阳一样，光照天下，谁人不知？沈昭略不想与他争辩，埋头说：“不知许事，且食蛤蜊。”于是在后世，吃蛤蜊成为不问世事的著名典故。宋末理学家丘葵隐居厦门小嶝岛，自称“只合灶间食蛤蜊”；今人陈寅恪先生诗中，亦有“食蛤哪知天下事”之句。

蛤蜊味道鲜美。如今，不足半斤的花蛤，就足以笑傲帝王。且食蛤蜊。

《梦粱录》：南宋吴自牧所著的笔记，共二十卷，是一本介绍南宋都城临安（今杭州）城市风貌、社会生活和风俗民情的著作。

丘葵：厦门同安人，自号钓矶。南宋末年社会动荡，丘葵长期隐居在家，不求人知，人品学问为世人所敬重。

【珠蚌】

珍珠是月亮的女儿，难怪气质温婉、贞洁，具有一种阴柔之美。

年年采珠珠避人

有些奇迹至为简单，却令人震惊，例如一粒珍珠。想象三四千年前我们的祖先初见珍珠的情景，他们一定瞠目结舌：天下竟然有如此完美的事物！洁白无瑕，浑圆优美，晶莹温润，光彩夺目。它们来自哪里？如何生成？有什么用处？

古籍记载的珍珠产地主要有三处——西亚波斯湾的西珠、东北松花江流域的东珠（淡水珍

▲日本也有龙珠传说。19世纪浮世绘大师歌川国芳的《龙宫玉取姬之图》，描绘美丽的海女玉取姬前往龙宫盗取龙珠，被愤怒的龙王率领虾兵蟹将追杀，翻江倒海，气势磅礴，具有史诗般的风格。

龍宮玉取姫之圖
朝櫻樓
國芳画

珠)和广西北部湾的南珠,都远离中原地区。古代中国人殚精竭虑,以天马行空的想象力猜测珍珠的诞生:《山海经》说珍珠产于某种树上——“叶皆为珠”;《庄子》相信珍珠来自骊龙的颔下(下巴);《华阳国志》认为珍珠像金银一样,深埋于岩穴;《博物志》称,珍珠是南海人鱼的眼泪……似乎万物皆能生珠。宋代学者陆佃总结说:“龙珠在颔,蛇珠在口,鱼珠在眼,鲛珠在皮,鳖(biē)珠在足,蛛珠在腹,皆不及蚌珠。”

秦汉拓疆岭南,将北部湾纳入版图,中国人

●《华阳国志》:又名《华阳国记》,东晋史学家常璩(qú)撰,记述我国古代巴蜀、云贵等西南地区的历史、地理和人物,保存了大量珍贵的史料。

终于明白，珍珠出自合浦郡海中的蚌贝。为什么只有广西合浦的蚌贝出产珍珠呢？古人相信，蚌贝映月成胎，需要风平浪静、海清月明的生长环境。宋应星《天工开物》解释说：每到圆月高悬中天的时候，蚌贝在海底完全敞开，尽情汲取月亮的精华，才能暗结珠胎，只有合浦海域符合这个条件。其他海域或潮汐震撼，或水质太差，蚌贝不能安身静养，接收月光精华，无法孕育珍珠。原来，珍珠是月亮的女儿，难怪气质温婉、贞洁，具有一种阴柔之美。

鲍鱼、贻贝、江珧(yáo)、砗磲(chē qú)都能孕育珍珠，但最大最好的珍珠，出自双壳类的珍珠贝，包括珠母贝(**黑蝶贝**)、大珠母贝(**白蝶贝**)、马氏珍珠贝等。著名的合浦珍珠，就来自马氏珍珠贝，它们生长于潮间带至一二十米深的清澈海底，用足丝附在岩礁上。

潮间带：最高潮位和最低潮位之间的海岸。

珍珠有灵性，不但挑剔自然环境，对社会环境也有敏锐的感应。古书上说：政治清明，德至渊泉，则江海出明珠。《后汉书》记载说，合浦郡不产稻谷，历来都是以珠换米，因为官员贪婪滥采，有一天突然所有的珍珠都逃走了，合浦无珠，饿死者无数。后来孟尝担任合浦太守，兴利除弊，百姓安居乐业，迁徙到交趾郡的珍珠又纷纷返回，史

◀采珠人腰系长绳，口含特制的呼吸管，潜入海底采集珠蚌；一旦坚持不住或遭遇危险，就摇动绳子，让上面的人用绞车把他拉上去。
图片选自(明)宋应星《天工开物》

称“合浦珠还”。

“年年采珠珠避人。”唐代著名诗人元稹写道。采珠是有讲究的，以三十年的老珠、二十年的半老珠为宜，十年以内的幼珠不采。如果官府贪得无厌，十年甚至数年一采，导致珍珠资源枯竭，就是古人说的“官吏无政，珠逃不见”；如果官员尊重自然规律，让珠蚌休养生息二三十年，珍珠资源恢复，就会出现“珠还旧浦”的奇迹。明代采珠最为频繁，甚至三五年一采，结果珍珠既小又嫩，最后又发生“珠蚌夜飞迁交趾界”之事。两广巡抚林富被迫上书朝廷，说嘉靖五年(1526年)采珠死了50多人，仅得珠80两，天下人说这是“以人易珠”，请求罢采珍珠。

珍珠是人间瑰宝，却为蚌贝招来杀身之祸，所以《淮南子》说：“明月之珠，蚌之病而我之利。”但潜水采珠，也有杀身之忧。南宋文学家范成大说，采珠多由水上居民承担，他们腰系长绳下水，把海蚌放入篮中，一旦憋不住气或遭遇危险，就急摇长绳，让船员用绞车把自己拉上去。如果遇上鲨鱼，往往有去无回。诗人写道：“十万壮丁半生死，死者常葬鱼腹间。”古代的珍珠是人命换回来的。

一粒珍珠，其价值何在？人们重视金银玉

小贴士

珍珠养殖

养殖珍珠已经全面替代了野生珍珠。我国很早就发明了淡水附壳珍珠的培育方法，至今仍是淡水珍珠养殖大国，产量约占全球的95%，主要集中在江浙地区。20世纪初，御木本幸吉成功培养出海水养殖珍珠，日本从此主宰了国际珍珠市场。我国的海水珍珠养殖起步于20世纪60年代，集中于广东、广西和海南，尚未恢复历史上的“南珠”光荣。

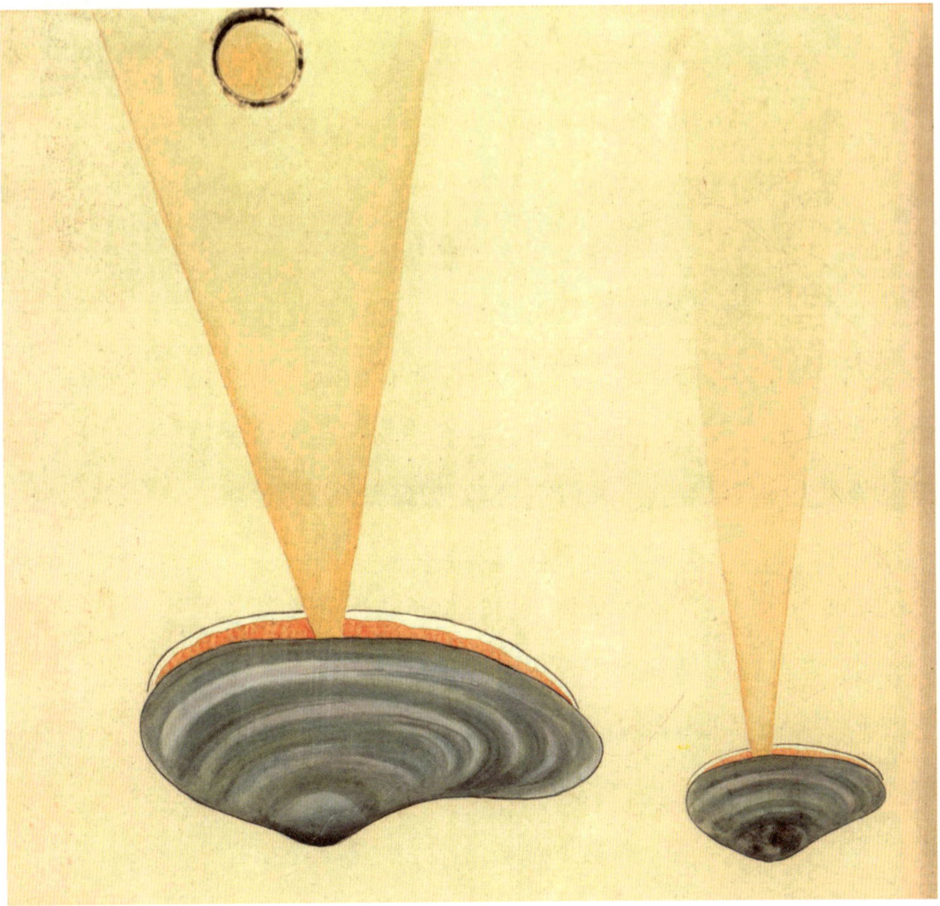

▲万物皆能生珠，但古人相信，映月成胎的蚌珠最好。图片选自（清）聂璜《海错图》

石，是希望分享它们的光辉和永恒；但珍珠属于有机宝石，浑然天成，并将在岁月中逐渐冷却、挥发和分解，寿命不过百年——这也是考古中罕见珍珠随葬品的原因。反过来思考，人老珠黄，最让人感动的，也许正是一串珍珠愿意陪伴我们慢慢老去。

后记

人类的知识大厦是累积而成的。近代科学诞生之前，人类睁大天真的眼睛，以强烈的好奇心和天马行空的想象力，点点滴滴，累积关于海洋生物的知识。其中难免偏见和错误，例如，他们认为珍珠长在树上，黄雀化为蛤蜊，虎鲨爬上沙滩就变成老虎。多奇怪啊。

然而天下之大，无奇不有。既然小蝌蚪可以变成青蛙，毛毛虫可以化为蝴蝶，为什么带鱼不能在天上飞？想象也是人类获取知识的重要手段。爱因斯坦甚至说："想象力比知识更重要，因为知识是有限的，而想象力概括着世界上的一切，推动着社会进步，并且是知识进化的源泉。"

古人是我们的祖先，但是从认知的角度看，他们又是一群求知若渴的儿童。这就是为什么《山海经》和希腊神话吸引着一代代孩子的原因。人类的童年与人生的童年心灵相通，都偏爱通过歌谣、神话和传奇解释万物。我相信，只要克服了语言障碍和观念差异，任何一个孩子，都能够轻而易举地进入古人的心灵。曾经感动他们的，也能感动今天的孩子。

本书收入的18篇文章，选自我的书稿《海族列传：华夏海洋生物随笔》（鹭江出版社，2021年版），我进行了大幅度的改写，降低阅读难度，以适应儿童读者。我希望帮助孩子们进入传统中国的海洋世界，分享我们民族关于海洋生命的集体记忆和瑰丽想象。

这本书不是独自一人完成的。感谢刘哲姝女士绚丽而奇幻的现代插画、郭航先生雅洁而时尚的版式设计，为本书增色生辉；感谢我的妻子洪映萱，一如既往，她对我的写作提供了重要支持。

海洋的魅力，来自丰富多彩的海洋生命景观。我们的大海曾经十分富饶，处处是龙虾虎鲨、蜃气鲎帆、鸢飞鱼跃的身影。最近半个世纪以来，随着经济高速发展，海洋生态遭受严重破坏，不少物种已经消失，或濒临灭绝，令人痛心。希望这本小书能让更多人了解海洋生物，加入保护海洋生态的行列。

萧春雷

2021年1月22日于翔安